青少年金融知识普及读本

外　　汇

聂利君　付克华　著

中国财政经济出版社

图书在版编目（CIP）数据

外汇/聂利君，付克华著．—北京：中国财政经济出版社，2013.8
（青少年金融知识普及读本）
ISBN 978－7－5095－4699－4

Ⅰ.①外…　Ⅱ.①聂…　②付…　Ⅲ.①外汇－青年读物　②外汇－少年读物　Ⅳ.①F830.73－49

中国版本图书馆 CIP 数据核字（2013）第 177446 号

责任编辑：刘瑞思　　　　责任校对：徐艳丽
封面设计：汪俊宇

中国财政经济出版社 出版

URL：http：//www.cfeph.cn
E－mail：cfeph @ cfeph.cn

社址：北京市海淀区阜成路甲 28 号　邮政编码：100142
营销中心电话：88190406　北京财经书店电话：64033436　84041336
涿州市新华印刷有限公司印刷　各地新华书店经销
787×1092 毫米　16 开　11 印张　154 000 字
2013 年 9 月第 1 版　2013 年 9 月涿州第 1 次印刷
定价：22.00 元
ISBN 978－7－5095－4699－4/F·3805
（图书出现印装问题，本社负责调换）
本社质量投诉电话：010－88190744
反盗版举报热线：88190492、88190446

序

作为现代经济的核心，金融活动已渗透到社会经济生活的各个方面，与百姓生活日益紧密地联系在一起。百姓日常的存款取款、刷卡消费、出国，甚至交水电、煤气、电话费等，都离不开与金融打交道。人民群众已成为金融产品与服务的最广大消费者和金融安全与发展的基础。金融的安全运行、健康发展，关系国家经济安全和社会稳定，关系广大人民群众的切身利益。公众对金融知识的了解、对金融体系的信心，又是金融安全运行、健康发展的决定性因素。因此，宣传普及金融知识，提高公众金融素质，对于促进金融安全运行、健康发展和维护公众切身利益具有重要意义。

但是，目前我国针对普通百姓的普及性的金融素质教育仍然比较薄弱。总体来讲，人民群众的金融素质水平仍然落后于金融业的发展，表现为群众总体上金融知识水平不高，对金融创新的接受能力较低，信用观念比较淡薄，金融风险意识和风险识别能力较差，金融违约现象和非理性投资行为比较突出，金融诈骗犯罪容易得逞，金融纠纷时有发生，这对金融安全和社会稳定构成了威胁。因此，宣传普及金融知识，不但可以更好地培育社会公众的诚信观念、风险意识，还可以提升公众的经济收入和生活质量。金融只有走进社会、走进群众，为社会服务，使大众受惠，才是现代的金融、科学的金融，才是民生的金融、和谐的金融。

提高全民金融素质，是一项系统工程和长期任务，需要全社会的共同参与和不懈努力。如何从人民大众的角度，用浅显易懂的语言介绍金融工具和常识，阐述金融原理，分析五光十色、千变万化的金融现象，让金融学走出专业的象牙塔，走向普通百姓，让广大群众了解和掌握金融知识，是中国经济市场化的需要，也是当今中国金融学界和业界的重要使命。

《外汇》一书就是一部用通俗易懂的语言和经典案例讲述外汇知识的读物，以帮助青少年了解与外汇相关的基础知识、美元霸权及其对全球经济的影响、日元和欧元对美元霸权的挑战、中国如何应对当前的国际货币体系等。该书内容深入浅出、通俗易懂、图文并茂，融知识性、思想性、趣味性于一体，是专门为青少年讲述外汇知识的普及读物，它填补了中国金融科普读物的空白。

目　录

第一章
外汇基础知识

汤森路透2013年2月的数据显示，全球外汇市场日均交易量已达5万亿美元。外汇市场是世界规模最大的金融市场。因此，虽然股票市场在国内仍然最受关注，但是越来越多的人已经意识到，当下有必要尽可能早、尽可能多地了解外汇、外汇市场和外汇交易，这已经成为一种潮流。外汇问题不仅表现在国与国之间不同货币的兑换上，而且还深刻影响着国民经济和百姓生活的方方面面。

一、为什么需要对外贸易?

要理解外汇，一个故事就不得不提起，虽然故事内容毫无新意，但对于没有经济学知识的老百姓来说，学习它对理解外汇至关重要。

人类之初尚处在以物易物的蒙昧时代。某甲制造了两柄犀利的斧头，某乙射死了两只肥壮的野羊，甲只需其中的一柄便足够自己砍伐树木，另一柄只是闲置；乙一时半会儿也吃不了两只羊，另一只时间放长了就会腐烂变质。于是，两人便自发地将多余的东西进行交换，尽管斧头还是斧头，野羊仍是野羊，它们的数量与质量并未发生任何变化，但是双方的境况却因为交换而得到了改善，因为双方都用自己多余的物质换回了对自己有用的财富。

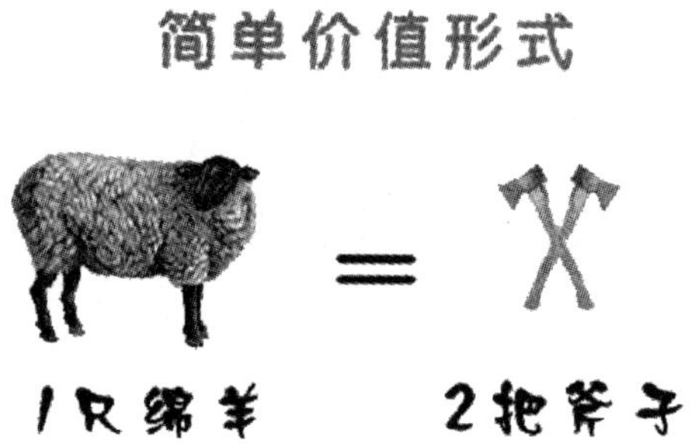

这个故事告诉我们，平等自愿的交换使各种资源更加合理有效地得到分配，能使交换的双方增长财富。从这个故事推广开去，要想使一国一地的百姓更加富有，就必须通过合理的政策来促进更加广泛的交换，交换越多，百姓致富的步伐就越快。当然，人类早已进入了使用货币的文明时代，但是交换本质并未发生任何改变，货币只是充当了交换的媒介而已。

对外贸易与国内百姓之间的交换并无本质上的不同，同样是以他之长补我之短，以己之有换己之无，使各类资源在世界范围内得到更加有效的配置与使用，当然也能促进交换双方的财富增长，这就是为什么各国政要都把捍卫贸易自由作为口号挂在嘴上的原因。但对外贸易与国内又有不同，因为各自的产品在计价时使用的货币并不一样，美国人用的是美元，中国人用的是人民币，用多少元人民币的中国产品才能换回一美元的美国产品，这是一个难题，于是外汇问题应运而生。

二、外汇究竟是什么？

所谓外汇，在老百姓的意识里，好像就是外国货币。其实，外汇不仅仅包括外国货币。2008 年 8 月 1 日国务院第 20 次常务会议修订通过的《中华人民共和国外汇管理条例》规定，在中国，外汇具体包括：（1）外国货币，包括纸币、铸币；（2）外币有价证券，包括政府债券、公司债券、股票等；（3）外币支付凭证，包括票据、银行存款凭证、邮政储蓄凭证等；（4）“特别提款权”；（5）其他外汇资产。所以，外汇是指外国货币或以外国货币表示的能用来清算国际收支差额的资产。

在了解了外汇的基本含义的基础上，让我们再来认识汇率。在国际经济活动中，经济交往所产生的债权债务关系在到期的时候都要进行结算，它需要通过不同货币的兑换（即外汇买卖）来完成。在国际汇兑中，不同货币之间的兑换需要按照一定的比率来进行，这种比率就称之为“外汇汇率”，简称“汇率”。

简单地说，汇率就是一国货币兑换另一国货币的比率，是以一种货币表示另一种货币的价格。由于世界各国货币的名称不同，币值不一，所以一国货币对其他国家的货币要规定一个兑换率，即汇率。例如，2005 年我们出国购买一瓶标价 100 美元的香水，按照当时美元兑人民币的汇率 1∶8. 25，大约需要 825 元人民币。到 2013 年我们再买这款香水，假设标价不变，还是 100 美元，按照 2013 年美元兑人民币的汇率 1∶6. 13，那么我们只需要 613 元人民币就可以了。

可见，如同商品市场上每种商品都有价格一样，汇率就是一种货币用另一种货币表示的价格（即买卖外汇的汇价）。在国际汇兑中，不同的货币之间均可相互表示对方的价格，因此，汇率具有双向表示的特点——既可以用本国货币来表示外国货币的价格，也可以用外国货币来表示本国货币的价格。一国的外汇汇率究竟如何表示，取决于其所采取的标价方法。

表1－1列示了世界主要货币的外汇代码及英文简写。

表1－1　　　　世界主要货币外汇代码及英文简写

国家名称	货币名称	英文简写	国家名称	货币名称	英文简写
中　国	人民币（￥）	CNY	瑞　士	瑞士法郎	CHF
美　国	美　元（MYM）	USD	俄罗斯	俄罗斯卢布	SUR
日　本	日　元（￥）	JPY	新加坡	新加坡元	SGD
欧元区	欧　元（€）	EUR	韩　国	韩国元	DRW
英　国	英　镑（£）	GBP	泰　国	泰　铢	THB
加拿大	加拿大元	CAD	澳大利亚	澳大利亚元	AUD

专栏

购买外汇的流程与注意事项

境内居民出境旅游、探亲、考察、就医、留学、培训、劳务、定居等都可以到银行申请购汇，最新政策规定每人每年有5万美元等值的购汇额度，在年度额度内可以一次或分次购汇。居民只需口头申报购汇用途，凭本人的真实身份证明就可以直接办理。如果要办理超额度的购汇，超出部分则需要提供相关的真实证明材料，并且所购外汇的总额不得超过证明材料上标注的金额。

根据中国人民银行及国家外汇管理局的有关规定，凡持有有效身份证件、具有完全民事行为能力、拥有一定金额外汇（或外币）的境内居民，均可进行个人实盘外汇交易。

个人实盘外汇买卖的交易手段主要有柜台交易、电话交易和自助交易三种。三种交易手段各有优点。

柜台交易有固定的交易场所，人气氛围浓厚，特别适合初涉外汇交易的投资者。

电话交易成交迅捷并可异地操作，特别适合工作繁忙的白领投资者。

自助交易信息丰富，并提供多种技术图表，特别适合具有一定外汇交易经验的投资者。

如客户进行柜面交易，只需将个人身份证件以及外汇现金、存折或存单交银行柜面服务人员办理即可。如要进行电话交易或自助交易，则需带上个人身份证件，以及外汇现金、存折或存单，到银行网点办理电话交易或自助交易开户手续，方可进行交易。

三、汇率是怎样形成的？

如同普通商品价格的形成一样，汇率的形成也是由市场供求关系决定的。汇率的形成与普通商品价格的形成既有共同之处，也有其自身特点。

在市场经济国家，任何商品或服务的价格，都是由市场上的供求关系决定的。汇率也是如此，两国之间的汇率，一般来说是由金融市场上的供需关系决定的。例如，由于美国经济基本面向好，美联储决定退出宽松货币政策，市场上有美元利率上升的预期，于是人们都愿意购买美元资产，那么市场上的美元就会供不应求，美元价格就会上升。

虽然汇率价格的形成与普通商品价格的形成有着共同规律，但也有其自身特点。与普通商品的价格形成有所不同的是，汇率除了市场

人民币与美元

的交易价格以外，还有一种价格，即各国中央银行指定的汇率。例如，人民币可以锁定美元，咬住 1:7 不松口，那么不论市场上的投资者是否认同这个价格，人民币都可以保持这一价位。但如果中央银行希望成功锁定汇率，它们就需要主动进入外汇市场买卖货币，增加供应或需求，以此调节货币的价格，使锁定价位符合市场价位。如果中央银行不进行调节，只是指定价位 1:7，那么需要进行货币交易的双方就会去黑市，偷偷地按市场上的供求关系所决定的价格进行交易。例如，市场上认为人民币被低估，按市场供求关系决定的人民币汇率应该为 1:6.5，那么美元需求者会选择到黑市进行交易，因为购买 1 万美元需要 6.5 万元人民币，而不会选择到正规的外汇市场按照 1:7 的汇价购买。美元的供应者会选择按照 1:7 的汇价到正规的外汇市场上去出售手中持有的美元。这就带来两个问题，一是这么贵的美元谁买？二是如果有人购买，那么投机者的机会就来了，他可以按 1:6.5 的汇价到黑市购买美元，然后到正规的外汇市场按照 1:7 的汇价出售，赚取 0.5 元人民币/美元的利润，这种投机机会一旦出现，就会有大量的投机者涌入，后果是正规外汇市场上出现大量的美元供应者，美元供过于求，美元价格下跌，跌到什么程度为止呢？投机者无利可图，即正规外汇市场上的汇价也为 1:6.5，央行无法锁定 1:7 的汇价。若央行希望锁定 1:7 的汇价，那么央行必须入市干预，即充当外汇市场上最大的买家，即投机者有多少美元，央行都悉数购入，这就要求央行有足够的美元储备。

四、影响汇率的各种因素

汇率的形成受市场和政府两方面制约。影响汇率的因素，既有经济增长、利率变化、通货膨胀、自然变化等客观因素，又有各国中央银行的干预及国际协调、国际上的投机、政治背景等人为因素。

一国的汇率从短期来看，由对该国货币兑换外币的需求和供给所决定；从长期来看，主要取决于商品在本国的价格与在外国的价格的对比关系。除此之外，它还受下面各种因素的影响：

1. 各国经济增长因素是影响汇率的最基本、最主要的因素。经济增长对一国货币汇率的影响需要从多方面来观察。一方面，一国经济的正常增长，往往意味着生产率大幅提高使得生产成本相应降低，从而增强本国产品在国际市场上的竞争力，有利于增加出口并抑制进口；另一方面，一国实体经济的正常增长反映其经济实力的提升，这会增强人们在外汇市场上对该国货币的信心，使得人们更愿意持有该国货币，或者将一部分其他国家货币转化为该国货币，促使该国货币升值。2002 年以来人民币持续升值的根本原因，也可以归结为中国经济的长期快速增长。

此外，值得注意的是，在一国经济高速增长的情况下，该国货币有时也可能贬值。其原因在于此时国内需求水平大幅提高导致进口快速增长，如果进口增长快于出口增长的速度，该国国际收支的经常项目盈余可能急剧减少甚至出现逆差，从而引起人们对该国货币信心的下降。

2. 利率变化对汇率产生重要影响。利率和汇率都是资金价格的表现形式，前者是借贷资金的价格（由国内货币市场供求关系决定），后者是两国货币的比价或外国货币的价格（由外汇市场上的供求关系决定）。

利率变动对汇率的影响主要表现在以下两个方面：

首先，利率政策通过影响进出口对汇率产生影响。当利率上升时，信用紧缩，贷款减少，投资和消费减少，物价下降，在一定程度上抑制进口，促进出口，减少外汇需求，增加外汇供给，促使外币贬值，本币升值。与利率上升相反，当利率下降时，信用扩张，货币供应量增加，刺激投资和消费，促使物价上涨，不利于出口，有利于进口，在这种情况下会加大外汇需求，促使外币升值，本币贬值。

其次，通过影响国际资本流动，间接地对汇率产生影响。当一国利率上升时，就会吸引国际资本流入，从而增加对本币的需求和外汇的供给，促使本币升值、外币贬值。与利率上升相反，当利率下降时，可能导致国际资本流出，增加对外汇的需求，促使本币升值。

3. 通货膨胀的国别差异对汇率有着重要影响。在浮动汇率制度下，任何影响两国货币相对供求的因素都将灵敏地反映到汇率的变动上。因此，通货膨胀的国别差异对汇率有着重要影响。通货膨胀水平是衡量一国一定时期内物价总水平持续上升的变量，体现了该国商品市场上货币供过于求的情形。通常情况下，如果某两国同时发生通货膨胀，通货膨胀水平的国别差异会引起两国货币代表的价值量的变化，进而引起货币汇率的变动。例如，我们的邻国越南2009—2011年年均通货膨胀率达到15%以上，美国通货膨胀率仅为2%左右，所以我们看到在2009—2011年越南央行连续4次调整越南盾兑美元的参考汇率，越南盾兑美元累计跌幅近30%。通货膨胀最直接影响的是货币购买力，继而影响中央银行货币政策以及经济的其他方面，最终反映到外汇市场上，就是引起一国国货币汇率的变动。

4. 各国中央银行的干预及国际协调是影响汇率的又一重要因素。目前，世界主要发达国家都实行浮动汇率制度，但是这种浮动汇率制度并不是一种完全由市场来决定汇率的制度，各国管理当局出于宏观经济目标和抑制汇率异常波动的考虑，也可能采取某些干预措施。随着日元兑美元上行的压力日益增大，日本政府于2011年8月在时隔4个月之后再次出手干预汇市。日本央行的举措之一即是往市场上大量抛出日元。在日本央行入市干预后，日元兑美元汇率从前夜纽约市场的1美元兑77.06日元，下跌1.7%至78.32日元。

日本中央银行2011年8月4日在外汇市场售出日元，阻止日元进一步升值，日本财务大臣野田佳彦接受采访。

5. 国际上的投机因素对汇率的影响。随着经济全球化和金融一体化步伐的加快，穿梭在外汇市场间的巨额投机资本能够在短时期内积累起巨大的买方或卖方力量，进而左右一国货币汇率的走势。根据国际清算银行（BIS）统计，在全球外汇交易额中，80%的交易属于投机性交易。因此，投机因素是影响汇率变动的主要因素。20 世纪 90 年代初期，英国利率较低而德国利率较高，大量资金从英国流向德国，造成了英镑贬值的压力。由于英国实行联合浮动的汇率制度，英镑不能单独贬值，从而出现了英镑汇率高估的情况。以索罗斯为代表的机构投资者利用这个机会在外汇市场上掀起了一股投机英镑的风潮。他们在外汇市场上大量抛售英镑，抢购德国马克，以压低英镑的汇率。尽管英格兰银行进行了强力反击，包括动用外汇储备购买英镑、一天之内多次提高利率等，但仍然抑制不住投机的风潮，1992 年 9 月 16 日英国财政大臣不得不宣布退出欧洲货币体系，英镑汇率大幅度贬值。

6. 政治因素、自然因素对汇率的影响。汇率的变动除了受到前面提到的经济因素和投机因素的影响以外，就短期而言，还受到政治因素、自然因素等非经济因素的影响。

政治因素对外汇市场的影响要比股票市场和债券市场大得多。政治因素的出现往往带有突发性、难以预测性，这会在短期内急速改变投资者的市场预期和心理，所以对外汇市场的冲击极大，经常造成汇率短时间内的大起大落。

一些破坏性较大的自然因素（如地震、飓风、流行病毒等）突然肆虐，往往对一国经济和金融市场造成较大的冲击，进而使该国货币在外汇市场上面临贬值的压力。不过对于某些具有“国际资金避难所”效应的国家，其发行的货币从短期看反而可能出现升值。例如，2009 年 4 月下旬，当媒体曝出墨西哥爆发的甲型 H1N1 流感（疫情刚开始被称为“猪流感”）向若干国家蔓延时，避险资金纷纷追捧美元。2009 年 4 月 27 日，外汇市场上美元兑其他货币普遍上涨，美元指数大涨 1.11%。

五、汇率的不同分类

在经济新闻里，我们常会听到“官方汇率”、“市场汇率”、“买入汇率”、“卖出汇率”等术语，却不明白是怎么一回事。其实，这是依据不同标准和实际需要对汇率的不同分类。

1. 按外汇管制的程度，汇率可划分为官方汇率和市场汇率。官方汇率又称“法定汇率”，是指在外汇管制比较严格的国家或地区，由政府授权的官方机构制定并公布的汇率。官方汇率一般不会频繁调整，这虽然有助于汇率稳定，但也使得汇率缺乏弹性。市场汇率是指在外汇管制比较松弛的国家或地区，外汇市场上自由买卖外汇的价格。在这些国家或地区，汇率受外汇供求关系影响而经常性地自发变化。官方机构为了控制汇率波动的幅度和频率，一般通过参与外汇市场活动来干预汇率。

2. 从银行买卖外汇的角度，汇率可以划分为买入汇率、卖出汇率、中间汇率和现钞汇率。买入汇率也称“买入价”，是外汇银行向同业或客户买入外汇时使用的汇率。卖出汇率也称“卖出价”，是外汇银行向同业或客户卖出外汇时使用的汇率。中间汇率也称“中间价”，是买入汇率和卖出汇率的平均数。各种新闻媒体在报道外汇行情时大多采用中间汇率，人们研究汇率变化也往往参照中间汇率。现钞汇率也称“现钞价”，是银行同客户买卖外币现钞时使用的汇率。现钞买入价一般低于现汇买入价，而现钞卖出价与现汇卖出价相同。我们看一下中国银行外汇牌价是如何表示的，就可以琢磨出这几个价格之间的关系了。中国银行的外汇牌价采用的是间接标价法，以人民币100元为标准计价（见表1-2）。

表1-2　　2013年5月14日中国银行外汇牌价

货币名称	现汇买入价	现钞买入价	现汇卖出价	现钞卖出价
英　镑	937.25	908.32	944.78	944.78
港　币	78.99	78.36	79.29	79.29

续表

货币名称	现汇买入价	现钞买入价	现汇卖出价	现钞卖出价
美　元	613.07	608.16	615.53	615.53
瑞士法郎	642.19	622.36	647.34	647.34
新加坡元	493.74	478.5	497.71	497.71
日　元	6.0295	5.8435	6.0719	6.0719
加拿大元	605.61	586.91	610.47	610.47
澳大利亚元	610.83	591.98	615.12	615.12
欧　元	796.44	771.85	802.83	802.83
韩国元		0.5338		0.5789
卢　布	19.55	19	19.7	20.35

3. 按外汇交易支付方式的不同，汇率可划分为电汇汇率、信汇汇率和票汇汇率。电汇汇率也称“电汇价”，是指银行卖出外汇时用电讯方式通知境外联行或代理行支付外汇给收款人所使用的外汇价格。信汇汇率也称“信汇价”，是指用信函方式通知境外联行或代理行付款的外汇价格。票汇汇率是指银行买卖即期汇票的汇率。一般来说，电汇汇率最高。

4. 按外汇交易的交割时间，汇率可划分为即期汇率和远期汇率。即期汇率也称“现汇汇率”，是指外汇买卖双方在外汇买卖成交后的两个营业日内办理交割的汇率，它是由成交时的外汇供求关系决定的。除非特别注明，外汇市场的汇率以及官方牌价均为即期汇率。远期汇率也称期汇汇率，是指在外汇买卖双方达成的外汇买卖协议中，约定将来某一时间进行交割时所使用的汇率。

5. 按外汇买卖的对象不同，汇率可划分为银行间汇率和商业汇率。银行间汇率也称同业汇率，是指银行同业之间买卖外汇所使用的汇率。商业汇率是指银行与客户之间买卖外汇所使用的汇率。

6. 按制定汇率的角度不同，汇率可划分为基准汇率和交叉汇率。基准汇率是指一国货币与某种被国际普遍接受的关键货币的比价。第二次世界大战后，美元被大多数国家普遍接受为本国货币对外价值的定值标准或计价单位，各国货币同美元的汇率自然就成为基准汇率。

交叉汇率又称套算汇率，是指两种货币之间的汇率通过第三种货币（媒介货币）计算出来的汇率（多由基准汇率计算出套算汇率）。

7. 按汇率制度的不同。汇率可划分为固定汇率和浮动汇率。固定汇率是指一国货币与外币的比价基本固定，并且汇率的波动被限制在一定的范围内，当汇率波动超出规定的界限时，货币当局有义务对外汇市场进行干预，以维持汇率稳定。浮动汇率是指根据市场供求变化而自发形成的汇率。在这种汇率制度下，货币管理部门不规定汇率波动的界限，原则上也没有维持汇率稳定的义务，但往往会根据经济政策的需要，主要通过市场机制对汇率施加一定的影响。

8. 按汇率是否剔除通货膨胀因素，汇率可划分为名义汇率和实际汇率。名义汇率是指由官方公布的（或在市场上通行的）、没有剔除通货膨胀因素的汇率。实际汇率是指在名义汇率的基础上剔除了通货膨胀因素的汇率，是用两国价格水平对名义汇率进行调整后的汇率。

六、汇率的两种标价方法

在本国货币与外国货币进行折算时，需要对汇率进行标价。由于世界各国的政治状况与经济发展态势各有差异，所以各国依据本国国情所采用的汇率标价方法也就不尽相同。汇率的标价主要有以下两种方法：

1. 直接标价法。所谓直接标价法，是指以一定单位（如 1 个单位、100 个单位）的外国货币为标准，折算成若干单位本国货币的汇率标价方法。在这种标价法下，外国货币的数额固定不变，本国货币的数额则随外国货币与本国货币币值对比的变化而变化。若一定数额外国货币折合本国货币的数额比以往增加，意味着外汇汇率上涨（或者说外国货币升值，本国货币贬值）；相反，若一定数额外国货币折合本国货币的数额比以往减少，意味着外汇汇率下降（或者说外国货币贬值，本国货币升值）。目前，大多数国家采取直接标价法，国际市场上大多数汇率也是以这种方法标示的。

2. 间接标价法。所谓间接标价法，是指以一定单位（如1个单位、100个单位）的本国货币为标准，折算成若干单位外国货币的汇率标价方法。在这种标价法下，本国货币的数额固定不变，外国货币的数额则随外国货币与本国货币币值对比的变化而变化。若一定数额的本国货币折合外国货币的数额比以往增加，意味着外汇汇率下降（或者说外国货币贬值，本国货币升值）；相反，若一定数额本国货币折合外国货币的数额比以往减少，意味着外汇汇率上涨（或者说外国货币升值，本国货币贬值）。目前，英国、美国、澳大利亚等国家采用间接标价法。由于英镑最早成为国际结算的主要货币，因此英国长期以来一直采用间接标价法。美国一度采用直接标价法，但由于第二次世界大战后美国的经济实力迅速上升，美元逐渐成为国际结算和国际储备的主要货币，为了便于计价结算，美国从1978年9月1日起采用间接标价法（但美元对英镑的汇率，仍然沿用直接标价法）。

七、外汇市场及其外汇风险

外汇市场是指由银行等金融机构、自营经纪商、大型跨国企业参与的，通过中介机构或电讯系统联结的，以各种货币为买卖对象的交易市场。它可以是有形的，如外汇交易所；也可以是无形的，如通过电讯系统交易的银行间外汇交易。现在的外汇市场是一个无形的市场，是一个计算机的无纸化市场，实际上是一个包含了无数外汇经营机构的计算机网络系统。

专栏

外汇开户细则

外汇开户相对于股票、债券、期货等证券开户要麻烦，主要原因是国内现在没有正规的外汇商，开户要境外汇款。

第一，填写开户表格，提交申请。

第二，提交身份证明，投入资金5 000美元以下的客户，只需要一份身份证件；投入资金5 000美元以上的客户，除了提交身份证外，还需要提交另一份证件，即提供以下的证件之一：驾照/护照/工作证/居住证/银行对账单/手机缴费清单/暂住证/失业证/退休证/学生证/租赁合同/财产所有权或业主证明。

第三，通过 E－mail 获取交易账号。

第四，入金激活账号（主要是这点比较麻烦，要美元，汇到国外交易商指定银行账号）。如果是信用卡入金，当天就能操作；电汇需要两到三天；支票需要一个星期。

外汇市场的交易对象包括货币兑换、外汇存单、外币信贷、外贸融资、外汇远期、货币期权、期货合同、外币掉期合同等。外汇市场是真正意义上的全球化市场，全球外汇交易中心联合成为一个统一的国际大市场，形成了纽约、伦敦、芝加哥、东京、新加坡、中国香港、法兰克福、巴黎、苏黎世、米兰等金融中心。

专栏

国际金融中心

国际金融中心是指聚集了大量金融机构和相关服务产业，能够全面集中地开展国际资本借贷、债券发行、外汇交易、保险等金融服务业，提供最便捷的国际融资服务、最有效的国际支付清算系统、最活跃的国际金融交易场所的城市或地区。金融市场齐全、服务业高度密集、对周边地区甚至全球具有辐射影响力是国际金融中心的基本特征。

外汇交易发生的主要根源是由于国际经济贸易的发生和随之而产生的国际结算、国际投资、外汇融资和外汇保值等业务的需要。在国际经济活动中，由于各国的货币和货币制度都是互相独立的，一国货币不能在另一国流通，这样，在国际经济活动中的对外债权、债务清偿和结算及国际投资时，人们就需要将外国货币兑换成本国货币，或将本国货币兑换成外国货币，外汇交易就成为必然和必要的了。

伦敦外汇市场

在现实经济运行中，外汇交易产生的更深刻的根源，在于货币代替和资产代替两种持有货币的动机。当资产以外汇计价并作为支付手段时就会产生货币替代现象；当资产以外汇计价并作为价值储藏手段时，就会产生资产替代现象。有的人需要外汇是为了购买外国的商品，有的人是为了去海外投资建厂，有的人是为了外汇保值，有的人为了外汇借贷和还本付息，还有的人是为了投机。总之，根据不同的动机，就产生了不同目的的外汇交易。

自 1973 年世界各国实行浮动汇率制度以来，货币汇率波动频繁，不仅幅度大，而且各种主要货币之间经常出现强弱地位互相转换的局面。不论是参加外汇交易的个人还是银行、企业，只要有外汇，就有外汇风险。一般来说，人们将“因汇率变动而蒙受的损失以及将丧失所期待利益的可能性”称为“外汇风险”，通常还将承受外汇风险的外币金额称为“受险部分”。

目前，外汇市场风险主要表现为：

1. 外汇交易的风险。外汇交易风险是由本国货币与外币交换而产生的风险。例如，以外汇买卖为主营业务的外汇银行，所负担的风险主要是外汇交易的风险；企业在以外币进行贷款或借款，以及伴随外币贷款、借款而进行的外汇交易，也要承担外汇交易的风险；个人买卖外汇同样也存在外汇交易的风险。

2. 交易结算的风险。交易结算风险是指在未来将本国货币与外币进行兑换结算时所面临的风险。由于将来的汇率不可预测，因而在将来进行外币结算时必然存在着兑换的风险。这一般是企业以外币计价进行贸易交易及非贸易交易时所面临的风险。

3. 外汇折算的风险。外汇折算风险是指企业进行会计处理和进行外币债权、债务决算时，如何以本国货币进行评价所面临的风险。例如，在评价债权、债务时，因所适用的汇率不同，就会产生账面上的损益差异，而差异就有可能是风险。

4. 国家的风险。国家风险又叫“政治风险”，它是指企业或个人的外汇交易因国家强制终止所造成损失的可能性。如一国在政权变更后突然宣布废除当前货币，就会带来巨大的资产风险。

专栏

外汇投资注意事项

无论是投资国内市场，还是投资国外市场，不论是投资一般商品，还是投资金融商品，投资的基本策略是一致的，在更为复杂的外汇市场上尤为如此。专家提示，在目前人民币升值预期下，外汇投资需要有几个注意事项。

首先，避免盲目结汇。自2005年7月中国启动人民币汇率形成机制改革以来至2013年5月底，人民币对美元汇率累计升值约33%。很多人都认为自己手中美元资产在贬值，这种情况下是否应该将手中的美元换成人民币？从目前走势来看，人民币升值趋势并没有停止，但是建议投资者应根据家庭自身的实际情况做出不同的判断，不要轻易兑换手中的美元。

由于目前我国尚未放开外汇管制，人民币还不能自由兑换，将外币换成人民币后很难再换成外币，因此建议最好持有一部分外币。另外，购汇一买一卖之间有将近1的价差，也需要个人承担。目前是否把美元兑换成人民币的基本原则是：如果存款的目的是用于投资，包括教育投资（如留学费），结汇就没有很大的必要，因为外汇投资渠道更广，收益率更高，对于外汇的使用者来讲无所谓贬值。如果存款的目的是用于消费，比如购房、买车，那就没有必要持有外汇，换成人民币使用更方便，毕竟人民币还有升值的预期存在。

其次，外汇理财以短线为宜。对于一些相对成熟的投资者来说，从长期投资的策略考虑，持有一定数量的外汇体现出全球化投资的思路。这也是分散汇率风险的途径之一，毕竟，人民币升值所带来的隐性成本已经使得手中的外汇在加快贬值速度，只有在国际市场上寻找更好的投资机会才能对抗这种风险。

最后，选择熟悉的投资领域，比如，对外汇市场比较熟悉，可以选择与外汇挂钩的产品；对贵金属市场比较熟悉，可以选择与黄金挂钩的产品。同时，在购买外汇理财产品后，应该多关注国际金融市场的资讯，或者找专业人士进行咨询，在对市场上推出的产品做出分析判断后再进行购买。

八、国际货币体系

国际货币体系，是指国际间结算所采用的货币制度，即国与国之间进行支付的系统规定、做法与制度，是随着世界市场的形成和国际贸易的发展逐步形成的。国际货币体系在其发展过程中经历了三个重要的历史时期：第一个时期为1870—1914年的金本位时期；第二个时期为1945—1973年的布雷顿森林体系下的固定汇率时期；第三个时期是1976年牙买加协议以来的国际货币多元化和浮动汇率时期。

19世纪三四十年代，英国完成工业革命，成为世界经济的中心，处于世界工业、贸易、金融和海运的中心的地位。在此背景下，建立起了以英镑为中心的国际金本位制货币体系。19 世纪后期，世界主要工业化国家相继采用了金本位制。在金本位制下，黄金充当世界货币，而且金币可以自由流动、自由兑换，以及自由铸造或融化。金币的自由流动保证了各国货币比价的相对稳定；金币的自由兑换保证了黄金和其他代表黄金流通的金属铸币和银行券之间比价的相对稳定；金币的自由铸造或融化保证了各国物价水平的相对稳定。因此，金本位制是在当时全球环境中净收益最大的一种制度安排，它维持了各国汇率的长期稳定，因此极大地促进了国际贸易和投资的发展。

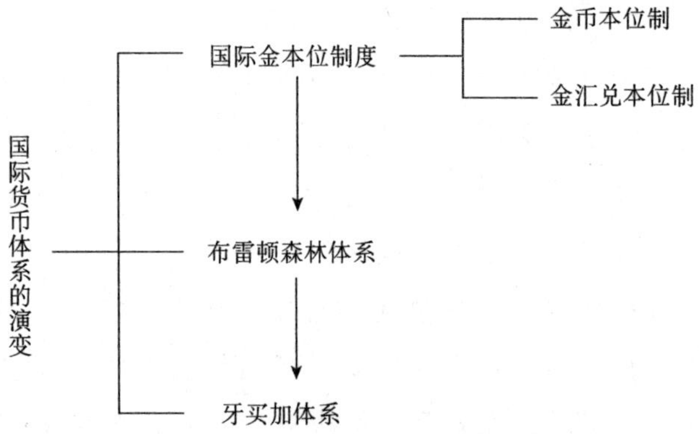

国际货币体系的演变

金本位制实施了近 40 年时间。到第一次世界大战之前，随着国际形势和经济环境的变化，实行金本位制的成本逐渐上升。首先，金本位制过于刚性，它使得世界经济的增长受制于世界黄金产量的增长；其次，由于国家间经济实力的差异，黄金越来越集中到少数大国手里，造成其他国家的金本位制难以为继。实施金本位制的成本超过收益后，它最终于第一次世界大战爆发之时轰然倒塌。

第一次世界大战以后，恢复经济成为各国的首选目标，固定汇率制仍然受到青睐。在吸取了金本位制崩溃的教训后，1922 年的热那亚会议确定了一种节约黄金的金汇兑本位制。各国货币被规定一个含金量，代行黄金的流通手段和支付手段职能。黄金只是在最后关头才充当支付手段。这个货币制度在一段时间内相当成功，为各国战后的经济复兴做出了贡献。但是黄金数量依然满足不了世界经济增长的需求。当黄金的不足发展到一定程度后，国际金汇兑本位制于1929—1933年资本主义大危机到来之时分崩离析。

第二次世界大战以后，经济发展重新成为世界主流。经过对两次世界大战期间混乱的国际金融秩序的体验，人们充分认识到缺乏协调的全球浮动汇率制度的危害，于1944年构建了布雷顿森林体系，建立了黄金—美元双挂钩的固定汇率制度。在该体系下，各国货币与美元挂钩，美元又与黄金挂钩。布雷顿森林体系适应了第二次世界大战结束后美国在世界经济领域内单极化的现状，有力地促成了战后20年“黄金时代”的形成。

到了20世纪70年代，随着世界经济的增长和日、德等国家的崛起，世界经济格局逐渐发生了变化，美国经济实力和地位的下降使得美元不再能够承载整个世界对于本位货币的需求。美元清偿力供应与美元信誉不可兼得，美元危机随之爆发。随着“互惠信贷协议”、“借款总安排”、黄金总库、黄金双价制以及特别提款权等援助美元计划的失败，布雷顿森林体系于1973年彻底崩溃。

1978年的“牙买加协议”生效以后，国际货币体系开始进入牙买加体系时期。这个体系相当松散，其特点在于黄金的非货币化、储备货币的多样化和汇率制度的多样化。全球浮动汇率制开始取代全球固定汇率制成为新的时尚。在1992年国际货币基金组织的167个成员国中，实行浮动汇率制的国家多达78个，而且主要资本主义国家都实施了浮动汇率制度。

在牙买加体系下，20世纪80年代发生了发展中国家的大规模债务危机，90年代爆发了三次大规模的区域性货币危机。负责维护国际货币秩序和协调国际货币关系的国际货币基金组织，并没有对债务危机和货币危机的防范和援助起到应有的作用。拉丁美洲和亚洲的发展中国家在危机中受到沉重打击，而美国在独享铸币税的同时，又不肯承担起维护和协调国际货币秩序的责任。国际货币领域内收益与风险的不对称分配、国际金融系统性风险的不断增强，以及国际货币体系脆弱性不断加大的事实充分表明，牙买加体系只是一种过渡性制度安排，新的国际货币体系亟待产生。

九、人民币汇率制度的演变

新中国成立后，人民币汇率也经历了从无到有，从官方汇率到根据市场供需要求、有管理的浮动汇率的发展过程。中国现行的汇率制度是改革开放的成果之一。人民币汇率根据发展的需要不断调整和完善，仍是今后一个艰巨的任务。

在1994年之前，中国实行的是多重汇率制，官方汇率和外汇调剂市场汇率并存。从1994年1月1日起，中国人民币汇率与世界汇率并轨，实行以市场供求为基础、单一的、有管理的浮动汇率制度，基本上消除了外汇黑市。其主要特征是汇率统一、以结汇制取代留成制、以全国联网的统一的银行间外汇市场取代以前的官价市场和分散割离的调剂市场，以管理浮动汇率制取代以前的官价固定、调剂价浮动的双重汇率制，以单一货币流通（人民币）取代以前的多种货币流通和计价。

在实践中，中国人民银行根据中国的宏观经济发展状况及国内外的经济形势自主制定汇率政策，确定人民币的目标汇率，通过对外汇市场的干预，维持人民币汇率稳定，保证了人民币汇率的管理性。但就人民币汇率制度的浮动性而言，由于人民币汇率的年波动幅度不超过1%，国际货币基金组织将人民币汇率制度归入传统的钉住汇率安排。人民币对美元的名义汇率在1994年汇率并轨之后基本上没有大的变化。因此，中国2005年之前的汇率制度实际上是一种与美元挂钩的固定汇率制。

为建立和完善中国的市场经济体制，充分发挥市场在资源配置中的基础性作用，建立健全以市场供求为基础、有管理的浮动汇率制度，中国自2005年7月21日起开始实行以市场供求为基础、参考一篮子货币进行调节、有管理的浮动汇率制度。人民币汇率不再钉住单一美元，而是形成更富弹性的人民币汇率机制。当时人民币汇率一次性贬值2%，同时中央银行规定每个工作日闭市后公布当日银行间外汇市场美元等交易货币对人民币汇率的收盘价，以此作为下一个工作日该货币对人民币交易的中间价格。由于对人民币初始汇率和汇率波动幅度进行限制，人民币汇率制度体现出以下两个特征：一是人民币汇率变动的区间很窄；二是人民币对美元汇率中间价的变动很小。人民币对美元汇率变动很难充分反映外汇市场供给和需求的变化。也就是说，如果汇率变动超出人民币汇率的限制区间，则必须由中央银行的干预来平衡。

2006年1月4日，中国人民银行在银行间外汇市场引入了询价交易方式和做市商制度，中国外汇交易中心于每日银行间外汇市场开盘前向所有银行间外汇市场做市商询价，央行将全部做市商报价作为人民币对美元汇率中间价的计算样本，去掉最高和最低报价后，将剩余做市商报价加权平均，得到当日人民币对美元汇率的中间价。这一改革促进了人民币汇率定价机制的进一步完善。

国际压力扰动人民币升值预期

在中国还没有构建人民币汇率指数的情况下，通常我们讲人民币升值和人民币贬值主要是指人民币对美元升值和对美元贬值。实际上，人民币除了对美元汇率以外，还有对非美元货币，如欧元、日元和英镑等汇率。因此，考察人民币汇率变化的影响要综合分析，不仅要考虑到人民币对美元汇率的变化，还要考虑到人民币对非美元货币汇率的变化。

十、汇率在我们的生活中无处不在

汇率，大多数老百姓的认识仅限于兑换外币。其实，我们的生活与汇率的升降有着直接的关联和影响。从出口到就业，从股市到物价，汇率在日常生活中几乎无处不在。

在我们的日常生活中，物价、利息与百姓生活密切相关，似乎汇率的升降与百姓的生活距离较远。一般人提到汇率，首先想到的可能不是调控政策、国际贸易、跨国投资等，而是银行屏幕上那跳过的一行行数字，或者是新闻里播报的人民币兑换多少美元等数据。在很多人看来，自己手中没有外币，因而这些数据的变化对自己没有任何意义。

事实上，汇率在我们的生活中无处不在，只是我们感觉不到而已。这是因为，某些时候，汇率的影响会显得比较明显直白，其他时候则隐藏得很深。汇率变化对我们百姓的影响主要表现在以下五个方面：

其一，汇率上升将使就业面临巨大压力。据调研表明，人民币升值对国内就业影响非常大，它会使数千万就业人口遭受冲击。人民币每升值1%，中国出口企业的利润率就降低1%。一旦人民币升值3%，将会使许多劳动密集型的出口企业，如服装加工、机电生产等企业大量倒闭，从而使大量员工失业。

其二，汇率变化对国内物价也有很大影响。一方面，如果人民币升值将会使进口企业降低了进口成本，那么该企业所生产的商品价格在国内就有下调空间，从而使部分商品价格下降，物价走低。另一方面，人民币升值预期会导致国外的投机热钱大量涌入中国，从而影响物价。以“热钱”对房地产的影响为例：当人民币升值预期较为强烈时，国际“热钱”大量涌入，房地产价格将呈持续上涨趋势；当政府发出人民币不继续升值的信号，国际“热钱”进入速度变缓，房地产价格受其影响较小；当人民币趋于贬值，大量国际热钱就会主动撤离，进而导致房地产价格大幅下降。

其三，汇率变化影响股价涨跌。如果人民币出现升值预期，国际“热钱”涌入大量买入股票，拉高股价；一旦人民币出现贬值预期，国际“热钱”大量抛售股票，将引起股价全线下跌。

专栏

热　钱

热钱又称“流资”或“游资”，是指用尽量少的时间以钱生钱，只为追求高回报而在市场上迅速流动的短期投机性资金。热钱的目的是纯粹投机盈利，而不是制造就业、商品或服务。这些资金流动速度极快，一旦投资者（通常是机构投资者）寻求到短钱投资机会，热钱就会涌入，而投资者一旦获得预期盈利或者发现投资机会已经过去，这些资本又会迅速流走，具有高风险高收益的特征。著名金融大鳄索罗斯创立的量子基金，就是热钱的典型代表。

国际“热钱”涌入推高中国股市和楼市

其四，汇率变化影响着国内炒汇。所谓炒汇，就是通过外汇交易获取差价的一种谋利行为。当人民币出现升值预期时，炒汇者将买进某些有升值潜力的“便宜”外汇；当人民币出现贬值预期时，炒汇者将陆续抛出手中“值钱”的外汇以从中谋利。

其五，汇率变化对中国国内出境游和海外留学也有一定影响。如果人民币大幅升值，那么将会使中国人在海外的旅游和留学费用大为降低，从而为海外旅游提供了省钱的契机。反之，如果人民币贬值，则不利于中国国内人士海外旅游和留学，因为那会加大海外旅游和留学的支出。

第二章
英镑：第一个称霸世界的货币

在英国人先后击败西班牙、荷兰、法国、俄国，成为名副其实的日不落帝国之后，英镑成为第一个称霸世界的货币。其实，在人类数千年的货币史上，使用范围最广、历史最长的货币就是黄金。黄金在金融史中的资历，和“元始天尊”的级别差不多，这就是一种非常典型的超主权货币。直到近代史上大英帝国崛起，由英格兰银行独家发行的、代表英国国家权利的英镑替代黄金在全球通用，人类历史上第一只主权性质的国际储备货币诞生了。此后，美元、西德马克、日元以及欧元，为了争夺更多经济话语权，引发了一场又一场的国际货币争夺战。

这些主权货币，凭什么成为全球硬通货？它们成功的路径是什么？又是哪些因素导致了它们的衰败？

一、英镑如何成为第一个称霸世界的货币

1609 年，荷兰的阿姆斯特丹成立了世界上第一个股票交易所，随后成立了阿姆斯特丹银行，大约比英国的英格兰银行早 100 年，其主要功能就是吸收存款、发放贷款和稳定荷兰的经济。发达的金融市场使得阿姆斯特丹在 17 世纪成为世界金融中心，荷兰成为当时的世界海上霸主。但是，由于当时还没有形成世界经济体系，荷兰盾也没有搭上荷兰称霸的顺风车。在不列颠人先后击败西班牙、荷兰、法国、俄国，成为名副其实的“日不落帝国”之后，英镑成为第一个称霸世界的货币。

这段历史首先要从英格兰银行的成立开始。

英格兰银行

17 世纪的欧洲，战争成为所有国家面临的最严峻的考验。每一个欧洲国家都面临着其他国家的战争威胁，而军队的建设和战争的军费开支都必须在民间筹措。在 16 世纪打一场战争需要几百万英镑，到 17 世纪末，则需要几千万英镑，而在拿破仑战争末期，开支就要达到上亿英镑。当时最繁荣的国家都无法靠平时正常的收入来应付这一时期的战争开支，于是各国便开始借款打仗。

如何筹到战争款项成为英国王室最头疼的问题。在这个时候(1688年)，支持议会的辉格党人与部分托利党人将国王詹姆士二世废绌，詹姆士二世仓皇出逃。议会决定詹姆士二世的女儿玛丽和时任荷兰奥兰治执政的女婿威廉夫妇共同为英国国王，因为这场革命未发一枪、没有流血，后人称之为“光荣革命”。

这是一个前所未有的变化，国王由议会决定产生，意味着君权从“神授”变成了“民授”，它根本性地改变了在英国已经存在了千年之久的王权性质。从1688年起，英国正式确立了议会高于王权的政治原则，并逐步建立起君主立宪制。从此，国王借了国民的钱也必须归还。

“光荣革命”后的第二年，英国就卷入了同法国长达百年的战争，而所有英国有钱人都不能不关注这场无休止的战争。尽管当时伦敦的民间借贷非常活跃，但他们仍然不愿意贷款给王室，因为有两点担心：一是王室赖账不还；二是王室打了败仗，自己将血本无归。以至于开战时的1689年，英国王室只筹集到了很少的一笔钱。由于法律规定国王不能赖账之后，一个为战争筹款的机构应运而生。

1694年，当时伦敦有1 286个商人，他们以股份制的形式，贷给国王一笔钱，当时的利息是8%，这个就促成了英格兰银行的诞生。在短短的11天内，英格兰银行就为政府筹借到120万英镑，极大支持了英国在欧洲大陆的军事活动，但为了避免英国王室滥用这笔资金，同时建立起银行的信任体系，英格兰银行制定了非常严格的规定。1811年，英国财政部拿着议会刚刚批准的100万英镑军费的批文前往英格兰银行支付，时任审计长格伦威尔发现上面没有盖国王的印章，就拒绝支付一笔上百万英镑的军费。

正是有了如此严格的法制化银行信用体系，源源不断的民间资金才流入到英格兰银行，资助英国进行战争，而一次次胜利又给这些投资者带来了丰厚的收益。英国当时的战争对手法国，无论从国土面积还是国家经济实力来看，都比英国要强大，却为什么英国总能在战争中获胜，就是因为法国财政在筹集军费中遇到了困难，而英国的军费却非常充足。因此，当时的欧洲有一句名言：“战争中，获胜的一方往往拥有最后的一块金币。”

英格兰银行成立之前，英国社会上流通的货币主要是银币和金币。1694 年，英格兰银行开始发行纸币——英镑，但那时的英镑还不能算真正的货币。当时的英镑只是一种纸钞，因为当时黄金在流通，它只是记录黄金的单位，本身没有价值，所以电影《百万英镑》的故事就是 1 个英镑的纸币可以印成 100 万英镑，它可以换金块，可以换黄金。

1687 年，牛顿出版了自己最著名的著作《自然哲学的数学原理》。在这本深奥难懂的书中，牛顿用数学方法证明了万有引力定律和三大运动定律，这四大定律被认为是“人类智慧史上最伟大的一个成就”。然而，这个著名的科学家在 12 年之后成为英国皇家铸币局的局长，并工作长达 30 年之久。1717 年，牛顿将黄金价格定为每盎司 3 英镑 17 先令 10 又 1/2 便士。从此，英镑按黄金固定了价格。牛顿对金融的贡献虽然可能是偶然的，但他提出的金本位制最早雏形对后来的世界经济和政治格局都产生了深远的影响。

牛顿画像

1816 年，英国通过了《金本位制度法案》，以法律的形式承认了黄金作为货币的本位来发行纸币。1821 年，英国正式启用金本位制，英镑成为英国的标准货币单位，每 1 英镑含 7. 32238 克纯金。

一个国家，它的综合国力到了一定程度，它也必须让自己的货币体现自己的实力。

二、金本位的确立：世界货币进入了英镑世纪

1821 年，英国正式确立了金本位制。所谓金本位制，就是以黄金作为本位币的货币制度，在该制度下，各国政府以法律形式规定货币的含金量。这一制度的典型特点就是自由铸造、自由兑换及黄金自由输出和输入：公民可以将持有的纸币按照货币含金量兑换为金币，各国之间不同的金铸币按各自含金量形成固定比价，建立比较稳定的国际货币联系，并允许黄金在国际间自由流动。金本位的确立，加上英国当时经济贸易的迅猛发展，也很快确立了英镑的霸主地位，世界货币进入了英镑世纪。

英镑世纪

经过三次英荷战争，英国最终迫使荷兰接受了《航海法》。《航海法》规定：输入英国及其属国的货物，必须使用英国的船只或者是输出国的船只。从此，荷兰船只逐渐退出驰骋了近一个世纪的茫茫海域。打败了西班牙、葡萄牙之后，英国人将“海上马车夫”荷兰也赶下了海上霸主的位置。

有了国内军费源源不断的支持，英国已显示出不可阻挡的强劲力量：在连续的征战中，英国建立起一支欧洲最强大的海军，它的商业触角已经伸向全世界，1686年时的一个统计表明，当时有近一半的英国船只都在从事美洲或印度贸易，而在1914年第一次世界大战前夕，英国的海外投资曾高达40亿英镑，占西方国家总投资的一半。

大量的商品需求促进了英国生产技术的进步，“工业革命”使英国成为当时世界上无与伦比的产业大国，利用自身首屈一指的工业优势，英国开始积极推行自由贸易政策，逐步建立起了自由主义的经济体系。它率先采用取消贸易限制的办法来扩大国外市场，也就是用取消别国产品输入英国的限制，来换取别国取消对英国产品的限制。从此，自由贸易成为英国的国策。

英镑走向全球化，不仅是基于世界对英国经济实力强大的信任，更有赖于英国完善的金融制度和法制化的金融监管。1720年爆发的史上著名的“南海”股票泡沫事件，也就成为英国完善金融制度和加强金融监管的开端。当时，伟大的科学家牛顿也成为“南海”泡沫事件的受害者。1711年，英国政府为了向南美洲进行贸易扩张而专门成立了一家公司——南海公司。为了迅速筹集还债资金，英国政府决定把南海公司的股票卖给公众。在政府的默许下，公司管理层为南海公司编造了一个又一个美妙的故事，也唤起了英国人超乎寻常的狂热。从1720年3月到9月，在短短的半年时间里，南海公司的股票价格从每股330英镑涨到了1 050英镑，此时南海的股票市值相当于整个欧洲货币流通量的5倍，连大名鼎鼎的科学家牛顿也禁不住购买了南海公司股票。当年作为皇家铸币局局长的牛顿年薪为2 000英镑，这笔钱能够建造4个格林威治天文台，然而随着南海股票泡沫破裂，牛顿的损失超过2万英镑。事后，他不无伤感地写道：我可以准确地计算出天体的运动规律，但我却无法计算出股票市场的变化趋势。之后，英国用了100年的时间来不断完善货币发行、监管制度。

伦敦利德街上的南海公司大楼

1844年，英国颁布了《英格兰银行条例》，英格兰银行成为唯一能够发行英镑的银行；1872年，英格兰银行开始为其他银行在困难时提供资金支持，从而维护了英国经济的稳定。此时的英格兰银行已经是作为中央银行在发挥作用，有效地维护英镑的坚挺地位。

英镑在全世界的广泛使用，加上数百年英镑同黄金汇率的稳定，让伦敦成为当时的世界金融中心和航运中心，凭借其经济和军事优势，英国让葡萄牙、德国、丹麦、瑞典、挪威、法国、比利时、意大利、瑞士、荷兰、西班牙等国家也先后过渡到金本位制，促成了国际金本位体系在19世纪70年代的最终形成，英镑成为世界货币，亦成为国际结算中的硬通货，与黄金一起发挥着世界货币的功能。

1850年时，英国的城市人口已经超过了60%；铁产量超过了世界上所有国家铁产量的总和；煤产量占世界总产量的2/3，棉布生产占全球的一半以上。

三、“一种货币只会死在自己的床上”

德国证券教父安德烈·科斯托拉尼说过这样一句格言：“一种货币只会死在自己的床上。”它形象地指出了一种货币的价值与其国家的命运息息相关。

英镑在金本位制度下占据霸主地位将近100年之后，也面临一些“瓶颈”，比如黄金生产量的增长幅度远远低于商品生产增长的幅度，导致黄金不能满足日益扩大的商品流通需要，极大地削弱了金铸币流通的基础。第一次世界大战的爆发不仅导致金本位制度的崩溃，也导致了英镑走向衰落。

1914年6月，奥匈帝国皇储在萨拉热窝被刺，以此为导火索，第一次世界大战爆发。大战前夕，各参战国为了准备这次战争，加紧对黄金的掠夺，战争爆发以后，由于军费开支猛烈增加，各国纷纷停止了金币铸造和纸币与黄金之间的兑换，也禁止黄金输出和输入，这就从根本上破坏了金本位制赖以存在的基础。

英国在第一次世界大战中损失惨重

1918年11月，第一次世界大战结束。此时，作为世界金融中心及世界霸主的英国，在战争中士兵伤亡约80万，军费开支近100亿英镑，国民财富损失了1/3。对外贸易方面，1918年达到13.16亿英镑，同时英国的出口额仅为进口的1/2。巨额的贸易逆差，迫使英国变卖海外投资的1/4，即10亿英镑去补偿贸易的巨额逆差。这场战争，使英国变成了一个债务国，只能通过举借外债解决财政困难和贸易逆差。战前美国欠英国国债约30亿美元，战后英国倒欠美国47亿美元；同时，英国内债因战争而直线上升，战前英国内债为6.45亿英镑，战后猛增为66亿英镑。在这样的背景下，“日不落帝国”经济出现衰退，英镑的强势地位遭到了质疑。

在大西洋的另一端，第一次世界大战却给美国带来了普遍繁荣，大规模的战争物资采购极大促进了美国各行业的生产和服务，到1929年，美国的工业产量至少占世界工业总产量的42.2%，大于所有欧洲国家的产量。世界经济格局因为第一次世界大战而完全改变。

称霸世界100年的英国人是不愿意看见金本位崩溃的，他们不断地做着努力。1925年，时任英国财政大臣的丘吉尔就曾把英镑恢复到金本位制，然而，世界经济危机的到来不得不使英国又一次放弃。英国首相丘吉尔在回忆录里这样描述自己参加雅尔塔会议时的心情：“我的一边坐着巨大的北极熊，另一边坐着巨大的北美野牛。中间坐着的是一头可怜的英国小毛驴。”这句话形象地描述出当时英国的国际地位。第二次世界大战之后，英镑开始逐步贬值。1949年9月，英国宣布英镑贬值30.5%，将英镑兑美元汇率贬到2.80美元；1967年11月，英镑再次贬值，兑美元汇率降至2.40美元，英镑含金量也降为2.13281克。最终，英镑在20世纪70年代尾随美元进入有管理的浮动汇率时代。

随着第二次世界大战之后的1945年布雷顿森林货币体系即战后以美元为中心的国际货币体系正式确立，英镑作为世界结算货币逐渐被美元所取代，世界货币开始进入美元世纪。

四、纸币如何变“硬”？

货币的兴衰实际上是一个国家经济政治实力的深刻体现。英国和美国在它们各自最强盛的时期，牢牢地控制了全球的经济、贸易，决定了全球的政治和军事版图，而它们全球霸权的最高表现形式，就是它们的主权货币在全世界享有无可撼动的话语权。但让我们好奇的是，为什么在英国之前崛起的大国荷兰，它的货币荷兰盾没能成为全球硬通货，而在英国之后崛起的另一个大国法国，它的法郎也没有像英镑那样牢牢占据着全球经济霸权的地位？历史中成与败的每一细节，都值得我们今天深思。

英国首相丘吉尔

一只主权货币的崛起，它需要有坚实的物质基础，比如这个国家的经济强大和繁荣；还需要有信心基础，这个国家应该有强大的国家机器，有坚定、清晰的国家意志，这样其他国家的持币者才能怀有信心；它还需要有一个良好的信用环境和完善的金融体系，这是一只硬通货的市场基础。

当英镑成为全球储备货币之后，英国利用这一全球金融霸权获得了太多太多的好处。从这样一个细节上我们就可以看出：比如英国的国力早在19世纪末、20世纪初就已走向衰落，它在经济、军事方面的实力已落后于美国、德国甚至法国等西方列强，但直到20世纪40年代英镑才最终被美元替代，在半个世纪的时间里，英镑的霸权是让英国维持大国地位最重要的支撑之一。

成为国际储备货币的道路不是一定水到渠成的，它不仅需要实力，还需要意志，还要有技巧，需要决策者严谨细致的规划并且持之以恒地实施。

英镑、美元为什么会成为硬通货，它们硬在哪里？正是其国家在经济、政治、军事、外交、文化等方方面面的强大凝聚在一张薄薄的纸币上，这张纸币的硬度就可以媲美黄金。

第三章
布雷顿森林体系：美元取代英镑

第二次世界大战后，“日不落帝国”国势渐衰，美国的综合国力遥遥领先其他国家。美国试图凭借强大的实力一举取代英国充当世界霸主，而英国并未打算拱手相让。虽然战争削弱了英国的经济实力，但是当时伦敦仍然是全球重要的金融中心，在美元提出要成为世界货币的时候，唯一可与之抗衡的是英镑。可是，随着布雷顿森林货币体系即战后以美元为中心的国际货币体系正式确立，英镑作为世界结算货币逐渐被美元所取代，世界货币开始进入美元世纪。

一、两次世界大战，美国“吃进”多少黄金？

大约在 1893 年，美国的经济实力就已经超过了欧洲，成为世界第一强国，并在此后逐步拉大了与欧洲之间差距。美国在 19 世纪末的经济崛起，主要是因为领土的扩张、人口的快速增长以及科技水平的不断提高。南北战争后，美国大一统的国内市场得到长足的发展。1863年颁布的《国民银行法》，使得美国出现了统一的货币。1900 年实施《金本位法案》，1913 年出台具有美国中央银行法体系基石作用的《联邦储备法》。一系列金融法案的出台，使得美国在 1913 年时形成了全国统一且比较完善的货币体系。

1914 年 7 月 28 日，第一次世界大战爆发，欧洲大陆一片战火。8 月 4 日，美国总统威尔逊发表《中立宣言》。这次战争持续了整整 4 年，全球有 30 多个国家参战，15 亿人卷入战争，大约有 6 500 万人参战，1 000 万人丧生。残酷的战争差不多摧毁了整个欧洲大陆，但美国在战争中向交战方大量出口物资，大发战争横财。1917 年，在战争局势已经明朗的情况下，4 月 6 日美国向德国宣战以获取最大利益。第一次世界大战结束后，欧洲一片废墟，英国实力受到很大削弱，而美国则借机强大起来，全球 1/3 的黄金流入美国，美元成为硬通货，纽约取代伦敦成为实力最强的金融中心。

4 年的战争将整个欧洲的财富消耗殆尽，交战各国实际上都已经无力再打下去，因此在 1919 年的巴黎和会上签署了《凡尔赛和约》。《凡尔赛和约》把整个战争的责任都推给了德国，并对德国提出了极其苛刻的制裁和惩罚，这就注定这份和约只能是一份为期 20 年的休战书，为希特勒挑起第二次世界大战埋下了祸根。

1939 年，第二次世界大战爆发。9 月 1 日，德国进攻波兰。9 月 3 日，英、法对德宣战。9 月 5 日美国宣布中立，美国总统罗斯福说："我们必须成为民主制度的伟大兵工厂。"战争对物资的快速消耗，导致交战各国在美国购买大量战争物资，黄金源源不断地流入美国。英国在第二次世界大战爆发后，截至到 1941 年 3 月美国《租借法案》生效之前，已经累计向美国输入 20 亿美元的黄金，动用了 2. 35 亿美元外汇储备，并且出售了 3. 35 亿美元的美国证券。到第二次世界大战结束时，全世界 2/3 的黄金掌握在美国人手中。到 1948 年时，美国官方黄金储备高达 21 682 吨，占世界各国官方黄金储备的 74. 5%！

第二次世界大战后，欧洲再次成为一片废墟，英国极度虚弱。在这种情况下，富有而且强大的美国势必要取代英国的世界霸主地位。这种世界超级大国地位的更迭并不是一帆风顺的，不仅是政治、经济、军事各方面的综合较量，也是美元与英镑在货币领域的一次生死角力。不过非常有意思的是，在这方面，希特勒无意中给美国人帮了个大忙。

美元、英镑与黄金

二、美元战胜英镑，希特勒帮了大忙？

第二次世界大战期间，德国对付英国的武器并非只有坦克、大炮和飞弹，还有比这杀伤力更可怕的，那就是——大规模的、近乎完美的假英镑！

通过大量伪造英镑造成英镑贬值，引发公众对英镑的信心危机，从而打击英国经济。这个想法最先是由德国刑警头子阿图尔·奈比提出来的。1939年9月，这个想法得到了党卫军帝国中央保安局局长莱因哈德·海德里希的大力支持。海德里希向希特勒报告了伪钞制造计划，得到了批准，但希特勒只支持伪造英镑，不允许伪造美元，他说："我们现在还没有和美国人打仗呢。"

但是，伪造英镑是非常困难的，更何况要大规模地伪造。第二次世界大战前英国纸币的设计非常精细，不列颠尼亚女神图案是委托专人特别设计的，水印是由造诣精湛的工艺师精心制作的，连印钞专用的亚麻纸都是十字形交叉的，而且使用了独一无二的多层叠加工艺，英镑上的数字编号是采用了非常复杂的算法编码过的。总而言之，英镑简直就是一件艺术杰作，几乎无人能够仿制。

为了造出可以乱真的英镑，海德里希签发了一份最高机密文件，明确要求："这不是普通意义上的制造假钞，而是经过批准的纸币复制。这些纸币必须是原件的完美复制品，必须让最有经验的纸币专家也看不出差别。"

具体负责这一事务的是纳粹党卫军的头头阿尔弗莱德·瑙约克斯。经过反复的、艰苦的实验，1940 年末，瑙约克斯领导的伪钞小组终于制造出了英镑。为了检验他们所伪造英镑的品质，纳粹做了一件令人匪夷所思的事情：一名纳粹特工携带一笔英镑假钞来到瑞士银行，要求兑换成9 万法郎，在瑞士银行已经将其鉴定为"真钞"决定立即予以兑付的情况下，这名特工向银行工作人员暗示这些英镑来源于特殊渠道，可能会是假钞。在经过更加细致的鉴定后，瑞士银行仍然确信这些"英镑"是真正的真钞，并建议这位特工如果不放心可以将其拿到英格兰银行进行最终鉴定。这些英镑随后被送到伦敦接受检查，英格兰银行的专家们经过仔细鉴定后，从中挑选出了大约 10% 的假钞，并感谢这位特工的诚实。就这样，纳粹的假钞被认为是真币获得了认可，较大规模的"英镑"蜂拥而出。

纳粹生产的假币分为四个等级：完美的、接近完美的、有瑕疵的和不合格的。最初计划将不合格品空投到英国，可最终还是将这部分销毁了。完美的假钞被储存起来，供德国间谍在敌国和中立国使用。接近完美的和有瑕疵的假币成批运往占领区，在黑市购买黄金和食品，甚至还向当地游击队购买英美空投的轻型武器。还有部分假币分配到中立国的德国大使馆兑换成当地货币。

由于纳粹印制假钞的行动被严格保密，同盟国一直对此事毫不知情，直到苏联军队解放了埃本塞的印刷工人之后，才真正发现假钞行动的数量及规模。英格兰银行立刻派了李维斯前去调查此事，盟军也授权美国少校麦克纳利进行调查。麦克纳利在报告中估计：在假钞中，有 100 万英镑流入土耳其和近东地区，200 万英镑在法国流通，800 万英镑被花在西班牙、葡萄牙以及斯堪的那维亚半岛……

根据幸存者的回忆，在高峰时期，他们一个月生产的假钞总额就超过了 800 万英镑。印刷工人雅各布·古德格拉斯估计，纳粹一共印刷了大约 1.35 亿元英镑（相当于现在的 30 亿英镑），而且这还是保守数字。作为嘲讽，印刷工人用假钞拼成“英格兰银行”的字样贴在伪钞车间的门上。实际上在这一时期，纳粹印刷的英镑比英格兰银行发行的英镑的还要多！截至 1945 年，市场上流通的英镑超过 1/3 是假钞！

这一调查结果深深震惊了英格兰银行。1945 年 2 月，英国财政大臣下令收回所有正在流通的 10 元英镑，但为了避免引发公众恐慌，同时向公众宣称这一前所未有的举动并不是因假钞危机而起。1946 年初，带有横穿纸币金属条的防伪纸币取代了所有其他面值的英镑。直到今天，人们仍然能够从正在使用的纸币上辨认出这些金属防伪标志。

截至 1951 年 1 月 9 日，英格兰银行总共收集到 1 860 223 张面额不等的假钞。截至 1959 年，总共收集到 300 多万张。这些假钞被悉数焚毁，但这仍然不是所有“纳粹假钞”的终结。据传，德国战败前，党卫军曾将大量财宝沉于奥地利阿尔卑斯山深处的托普利茨湖中，而“纳粹假钞”可能就藏身其中。

1952 年，在湖区附近，两名前党卫队军官被神秘谋杀。于是，“在湖边密林中潜伏着保护湖底宝藏的纳粹小分队”的传说不胫而走，使本来就神秘莫测的特普里茨湖更蒙上了一层恐怖的色彩。1959 年，德国《明星》杂志的记者奥尔夫冈·路德带领一支潜水队从 80 米深的湖底打捞出 13 只铁箱子，箱子里除了黄金和珍贵的邮票外，还有总计大约 42 万张不同面额的假英镑以及与制造假钞有关的大量机密文件。这次发现载入了吉尼斯世界纪录——有史以来最大规模的钱币窖藏。

最近几年，“纳粹假钞”在东欧，甚至远至中国香港的地方被接收。2002 年 8 月，一张私人收藏的“纳粹假钞”在美国拍卖。2009 年初，91 岁高龄的本哈德行动幸存者、假币制造天才阿道夫·博格受英格兰银行邀请，帮助识别假币，并传授有关假币的识别技巧。借助于灯光，博格轻轻松松地认出了当年由他伪造的一张 5 英镑的假钞。

阿道夫·博格受英格兰银行邀请帮助识别假币

第二次世界大战时，英国民众没有使用钱包的习惯，一般都习惯将大面额的钞票折叠起来，并用别针钉在一起，因此钞票上一般都有针孔。“为了让我们制造的假钞看起来很旧的样子，集中营有一些专家专门在钱上制作针孔。”博格说，“虽然他们制造了假钞，但他们都希望英国民众能发现这些钞票是假的，为此，他们偷偷地做了标记。“我们知道英国人从不在‘大不列颠’字样上打针孔，因此我们总是在这几个字上打针孔，我们希望人们能够发现这些是伪钞。”

德国纳粹制造了数量惊人的假钞，造成了英镑大幅贬值，沉重打击了世界各国对英镑的信心，加速了英镑让位于美元世界货币地位的进程。

三、亨利·怀特是怎样把美元变成“美金”的?

牛顿帮助英国在1717年率先建立起金本位，并利用这一优势对其他国家进行金银套利，从而确立了欧洲霸主地位，并建立起“日不落帝国”。但是两次世界大战重创了英国的经济，黄金流入美国，英镑的世界货币地位也因此风雨飘摇，美元取代英镑之势日益明显。

为了捍卫英镑的世界货币地位，英国不得不与世界新贵美国谈判。尽管当时的美国富甲天下，但在英国人眼里差不多就是一个暴发户的形象，没有多少文化。出于谈判策略的考虑，英国派出了最顶级的经济学家凯恩斯前往美国游说美国政府。

凯恩斯是英国最负盛名的经济学家，宏观经济学的奠基人，以其代表作《就业、利息和货币通论》享誉全球；更重要的是，几乎所有美国人都知道他，并从内心深处敬重他。这是因为，1929—1933年美国陷入了经济大萧条，无数人失业，生活极度艰难，罗斯福总统上任后实施新政带领美国走出困境，而罗斯福新政中所采取的经济措施正是凯恩斯的国家干预主义。因此，许多美国人对凯恩斯心存感激，甚至在内心中奉若神明，就好像现在美国某位著名经济学家前来中国，挟诺贝尔经济学奖之势，必定会在气势上吓倒很多人。

著名经济学家凯恩斯

凯恩斯一开始是以学者的身份到美国进行讲学，他抛出了黄金无用论，试图从学术上劝说美国人放弃黄金。他告诉美国人：黄金的供应取决于自然，而不是取决于经济的发展。当黄金的供应与经济发展不相适应时，黄金就会过多或过少，从而导致经济的极不稳定。英国曾经因为黄金的供应不稳定吃过苦头，在1931已经废除了金本位，美国应该吸取英国的教训废除金本位。同时，凯恩斯还试图让美国人放弃对英国的战争借款，因为如果美国非要英国归还战争欠款的话，这相当于英国以极低的价格向美国倾销商品，冲击并扼杀美国的相关产业；而如果美国不放弃黄金，英国由于缺少黄金将无力购买美国的产品，因此美国的出口将受到抑制，出现经济萎缩。

凯恩斯的话非常具有欺骗性，就像今天的西方经济家试图让中国相信：市场是万能的、中国应该彻底开放金融领域、人民币应该立即大幅升值一样。

英镑与美元的霸权之争终于演变成了一次场面盛大的国际会议。1944年7月，44个国家在美国新罕布什尔州的布雷顿森林召开了联合国与联盟国家国际货币金融会议。会议激烈争论的焦点就是英国的凯恩斯计划和美国的怀特计划。

凯恩斯是英国的首席谈判代表，他提出的凯恩斯计划代表了英国利益，他向美国推销了一套全新的信用世界货币方案。在方案中，凯恩斯主张建立“国际货币清算同盟”，相当于世界性的中央银行。由这个机构发行240亿美元价值的货币无偿提供给各成员国，进行国际贸易结算。这种国际货币名为“班克”，它以固定比例直接与黄金挂钩。简而言之，就是成立一个由英美共同主导的“世界中央银行”，它与各国央行的关系，就像本国央行与商业银行的关系一样。“同盟”总部设在伦敦和纽约，理事会会议在英美两国轮流举行。这个计划贬低了黄金的作用，削弱了美联储的权力，明显意在防止美国利用债主身份独霸经济领导权，同时为英国争取同美国分享国际金融领导权。

凯恩斯的计划，从理论上讲，解决了黄金供应受自然限制与经济发展不相适应的问题，相对于金本位，这种纯信用的货币体系的确要更加先进，几乎就是元代中国纸币体系的翻版，但实际上，这个计划完全是为了英国的利益。

首先，在英国的黄金已经消耗殆尽的情况下，由于获得“班克”并不需要支付黄金，黄金在事实上被从货币体系中踢出去。这样，美国的全部黄金储备就成了一堆破铜烂铁，这可是美国人数十年来积蓄起来的巨额财富的表现形式。凯恩斯试图就这样轻描淡写地就拿走美国人的“血汗钱”。

其次，凯恩斯还试图通过“班克”的发行为英国无中生有地谋取一笔巨额的铸币税，因为最初的“班克”分配份额是按照第二次世界大战前三年的进出口贸易平均值计算。第二次世界大战中英国经济严重受创，战后负债累累，但是如果按照第二次世界大战前的比例来算，英国可占“班克”份额的16%，再加上殖民地，整个英联邦占比高达35%。

这样，英国不仅解决了黄金缺乏的问题，在谈笑间彻底消灭掉美国的黄金储备，英镑的世界货币地位可以继续延续，而且还可以凭空获得巨额的铸币税。这就是凯恩斯为英国政府打的如意算盘，问题是美国能答应吗？

美国政府的谈判代表由财政部顾问亨利·怀特担任，有意思的是，怀特是凯恩斯经济理论的忠实信徒。尽管怀特本人非常崇拜凯恩斯，但这并不妨碍他在国家利益问题上保持清醒的头脑。毕竟美国人都是从欧洲移民过去的，他们对于欧洲老师的这一套太熟悉了。凯恩斯的计划无论在学术上多么先进，但毕竟损害了美国的利益，这一点美国绝不可能接受。因此，美国否决了“凯恩斯计划”，并针锋相对地提出了“怀特计划”，其核心是只有以黄金为锚的美元才有资格充当国际货币，国际贸易、信贷等必须以美元为准，其他货币则直接与美元挂钩，间接与黄金挂钩。“怀特计划”强调黄金的作用，主张取消外汇管制和各国对国际资金转移的限制。美国黄金储备丰富，1945年占世界货币黄金储备的59%。实际上这是强调美国的作用，显示出美国对世界金融霸权志在必得的野心。经过20天的激烈争论，最终达成了以美国

“怀特计划”为主、以英国“凯恩斯计划”为辅的妥协货币协定，史称“布雷顿森林货币体系”。

召开布雷顿森林会议的蒙特·华盛顿饭店

布雷顿森林货币体系的核心内容是：美元与黄金挂钩，其他成员国货币与美元挂钩。同时还决定成立一个国际复兴开发银行（即世界银行）和国际货币基金组织（IMF），以及一个全球性的贸易组织（即后来的关贸总协定，现已演变为 WTO）。1945 年 12 月 27 日，参加布雷顿森林会议的各国中的 22 国代表在《布雷顿森林协定》上签字，正式成立国际货币基金组织和世界银行。

布雷顿森林货币体系确立了美元的世界货币地位，美联储承诺美元和黄金的兑换比例为：1 盎司黄金 = 35 美元，即 1 美元的黄金含量为 0.888671 克。由于固定了美元与黄金的兑换比例，美元在很大程度上被人们当作黄金来使用，以至于到今天人们还习惯性地称美元为“美金”。

凭借手中紧握的黄金，美元挟天子以令诸侯，终于击败了英镑，取得了号令天下货币的权力！随着美元霸权的确立，美国对外扩张的大幕徐徐拉开。1947 年，美国国务卿乔治·马歇尔开始实施他的新计划，通过向战后各国提供贷款和援助，试图掌控全球经济命脉。美元成了美国实施扩张计划最强有力的武器。1947—1949 年，仅接受马歇尔计划的欧洲合作组织的十几个西欧国家对美国的借贷就高达 16 亿美元。这些国家需要大量的美元来填补财政赤字，而又得不到充足的美元，造成了当时普遍的美元荒，这种巅峰状态持续了整整十年。在这期间，美国保持着头号世界强国的地位，美元是那时唯一可自由兑换的货币，在国际上的地位如日中天，世界货币开始进入美元世纪。

四、军事和经济扩张：美元由盛转衰

从20世纪60年代开始，在历时十多年的越南战争中，美国投入了至少2500亿美元的军费开支和50万军队。在这被称为“混乱的十年”中，年轻人被一拨拨地送去前线参战，华尔街的银行家们在反复计算，借给政府打仗的钱能回收多少。后来，为了应付巨额的海外军费开支，美国政府开始巨额向各个国家借款。

美国卷入战争，而后美国的开支，尤其是这种战争式的没有什么收益的开支越来越大的情况下，美国就借别人的钱来做这些事。越南战争使得美国的货币政策极度扩张，货币滥发，使欧洲积累了大量的美元钞票。大量的国外借贷，使得美国从战后最富足的债权国变成了最大的债务国，当时财政赤字累计高达1500亿美元。随着美国债务越来越大，借钱给美国的西欧国家开始惴惴不安，他们希望把借给美国的美元换成更为保险一些的黄金。

残酷血腥的越南战争

当年的法国总统戴高乐非常强硬地威胁说，我们要用军舰运一堆钞票到你美国来，把美元货币换成黄金。一开始，对于戴高乐的威胁，美国总统尼克松并没有感到紧张，但是很快，西欧国家集体开始了兑换行动，尼克松总统坐不住了。美国的黄金大量外流，当时美国的黄金本来占整个的世界大概是70%，后来越来越少，越来越少，少到后来不足以来支持他的布雷顿森林体系了。1971年，美国总统尼克松不得不正视已经到来的危机，他做出了一个重大决定，宣布放弃按35美元一盎司的官价兑换黄金的美元“金本位制”，实行黄金与美元比价的自由浮动。欧洲经济共同体、日本和加拿大等国家宣布实行浮动汇率制，不再承担维持美元固定汇率的义务，美元不再是各国货币围绕的中心。这标志着布雷顿森林体系的基础已全部丧失，该体系终于完全崩溃。

专栏

美元博弈英镑：索罗斯充当“打手”

近年来，英镑虽已式微，但家底充盈，实力犹在，总是期望有东山再起的一天。在美英两国政府导演下，爆发了一场英镑与美元的货币战争。美国的先锋正是金融大鳄索罗斯。

第二次世界大战后的英国金融业，因缺乏竞争力和活力而面临丧失全球领先地位的危机。为挽救颓势，在20世纪的后20年，英国进行了两次重大的金融改革，即1986年以金融自由化为特征的第一次金融“大爆炸”和90年代末以混业监管体系为核心的第二次金融“大爆炸”。这两次改革，使得金融家的创造性被释放出来，金融业组织形态发生了巨大变化，各种金融产品层出不穷。同时，金融监管机构更独立，也更有效率，由此奠定了目前英国金融业繁荣的坚实基础。曾经一度被认为衰落的伦敦金融城迅速强大，伦敦重新获得并强化了国际金融中心的地位，甚至在某些方面超过了纽约华尔街。此时，无论是对于英镑，还是正在酝酿中的欧元，美国都沉不住气了。

1974年，美国单方面宣布取消美元与黄金的自由兑换，美国加快了用纸美元掠夺世界财富尤其是欧洲财富的步伐。美元是催生大量国际投机资本的始作俑者，以金融大鳄索罗斯量子基金为代表的国际游资的全球出击正是以美元作为武器。历史上，美元博弈英镑用的是黄金，而索罗斯等国际游资1992年成功狙击英镑，用的却是美元。

索罗斯，长久以来已经成为“神”一样的人物，各国媒体都把他刻画成一个神秘的刺客，专门刺杀一国货币。著名经济学家克格鲁曼曾开玩笑地说，这个正反读起来都一样的姓氏（SOROS）的确与众不同。索罗斯是美国外交事务委员会董事会前成员，参与过格鲁吉亚的颜色革命，政治永远和金融不分家，索罗斯和美国政治和金融权力中心的关系同样不言而喻。这个出生在匈牙利的美籍犹太人，确实是个天生的杀手，他的嗅觉格外地灵敏。早在1990年英国加入欧洲汇率机制（ERM）之时，索罗斯就在等待。

“打手”索罗斯

为了摆脱对美元的依赖，1990年，英国决定加入西欧国家创立的新货币体系——欧洲汇率体系（ERM），这是欧元的前身。

欧洲汇率体系使西欧各国的货币不再盯住黄金或美元，而是相互盯住；以德国马克为核心，每一种货币只允许在一定的汇率范围内浮动，一旦超出了规定的汇率浮动范围，各成员国的中央银行就有责任通过买卖本国货币进行市场干预，使该国货币汇率稳定到规定的范围之内；在规定的汇率浮动范围内，成员国的货币可以相对于其他成员国的货币进行浮动。

这种欧洲共同体内的以德国马克为中心货币的欧洲汇率体系，实际上就相当于当今以美元为中心货币的国际金融体系，附属货币与中心货币的汇率有名不副实的矛盾。国际炒家、美国的金融大鳄索罗斯认为英国犯了一个决定性的错误。因为ERM要求成员国的货币必须盯住德国马克。索罗斯认为，当时英国的经济并不强劲，加入ERM，就等于把自己和刚刚实现统一后的德国联结在了一起，英国将为此付出代价。

的确，索罗斯的判断是准确无误的。

1992年，索罗斯主持的量子基金已经初露峥嵘，不但拥有一批出色的分析、交易人员，而且已经拥有了在一定程度上影响市场、操纵市场的能力。再加上对冲基金特有的保证金交易（简单地说就是买空、卖空），60亿美元资本完全可以发挥10倍的作用。

就在此时，英国政府的不作为使英镑处于一个空前脆弱的位置上，实际上已经不堪一击，加一根致命稻草就会轰然倒下，全面崩溃。索罗斯当然不会对这个机会视而不见，事实上，他从1990年就开始注意到这个机会。当时，东西德统一，在许多人看来，统一的德国将会很快复兴和繁荣起来，而1992年2月7日，欧盟12个成员国签订的《马斯特里赫特条约》更是让大家大受鼓舞：一个“大欧洲”的概念即将形成。在这样一个美好前景面前，几乎所有人都认为欧盟的未来一片光明。但索罗斯经过冷静的分析，却认为新德国由于需要重建原东德，必将经历一段经济拮据时期。德国将会更加关注自己的经济问题，而无暇帮助其他欧洲国家渡过经济难关，这将对其他欧洲国家的经济及货币带来深远的影响，货币联盟并不一定就是好事。人云亦云从来不是金融大鳄的风格，索罗斯一针见血的分析，就是站在战略的高度审视金融市场。对于英格兰银行而言，这样的对手，实在太可怕了。

1992年夏季，英国当时的首相梅杰和财政大臣虽然在各种公开场合一再重申坚持现有政策不变，英国有能力将英镑留在欧洲汇率体系内，但索罗斯却深信英国不能保住它在欧洲汇率体系中的地位，英国政府只是虚张声势罢了。

在外汇市场上，英镑对马克的比价在不断地下跌，从2.95跌至2.85，又从2.85跌至2.7964。英国政府为了防止投机者使英镑对马克的比价低于欧洲汇率体系中所规定的下限2.7780，下令英格兰银行购入33亿英镑来干预市场。但政府的干预并未产生好的预期，这使得索罗斯更加坚信自己以前的判断，他决定在危机凸现时出击。

1992年9月15日，索罗斯决定在外汇市场上大量抛售英镑。英镑对马克的比价一路下跌至1:2.80，虽有消息说英格兰银行购入30亿英镑，但仍未能挡住英镑的跌势。到傍晚收市时，英镑对马克的比价差不多已跌至欧洲汇率体系规定的下限。英镑已处于退出欧洲汇率体系的边缘。

英国财政大臣采取了各种措施来应付这场危机。首先，他再一次请求德国降低利率，但德国再一次拒绝了；无奈，他请求首相将本国利率上调2%～12%，希望通过高利率来吸引货币的回流。一天之中，英格兰银行两次提高利率，利率已高达15%，但仍收效甚微，英镑的汇率还是未能站在兑2.778马克的最低限上。

在这场捍卫英镑的行动中，英国政府动用了价值269亿美元的外汇储备，但最终还是遭受惨败，被迫退出欧洲汇率体系。英国人把1992年9月15日——退出欧洲汇率体系的日子称作“黑色星期三”。

索罗斯却是这场袭击英镑行动中最大的赢家。他在英镑空头交易中获利接近10亿美元，在英国、法国和德国的利率期货上的多头和意大利里拉上的空头交易，使他的总利润高达20亿美元。在这一年，索罗斯的基金财富增长了67.5%。索罗斯也因此被《经济学家》杂志称为“打垮了英格兰银行的人”。

索罗斯成功狙击英镑，是现代国家货币战争的缩微版。以索罗斯所代表的国际投机资本在全球外汇市场发动了一次又一次的不见硝烟的战争，1997年东南亚的金融危机就是这次欧洲汇率体系内货币战争的翻版。

1992年9月16日下午，带着巨大的屈辱感，英国首相梅杰和英格兰银行行长莱蒙被迫宣布退出欧洲货币汇率体系。一个索罗斯，不但摧毁了英格兰银行300年来无人撼动的无上权威，使英镑再次受到沉重打击，更一举打破了欧洲一体化的进程安排，扰乱了欧洲的金融秩序，给了各国经济雷霆一击。

第四章 牙买加体系：美元霸权的巩固与强化

随着美元与黄金的脱钩，美元价值失去了稳定之锚。1976 年，国际货币基金组织理事会国际货币制度临时委员会在加勒比海西北部的牙买加达成“牙买加协议”，通过了《IMF 协定第二修正案》，从而形成新的国际货币体系——牙买加体系。

一、牙买加体系的形成

牙买加源自印第安语，意为“林水之乡”。不无巧合的是，牙买加协议规定废除黄金条款，取消黄金官价，成员国中央银行可以按市价自由买卖黄金，正式将黄金从国际货币中逐出，宣告了美元“放水”时代的到来。协议还要求逐渐降低美元在国际金融体系中的地位，减少各国外汇储备中的美元比例，并以特别提款权来逐渐代替美元作为各国主要的贸易结算货币和外汇储备资产。特别提款权又称“纸黄金”，是由国际货币基金组织创设的一种储备资产和记账单位。特别提款权最初发行时，每单位等于 0.888 克黄金，与当时的美元等值。1974 年，国际基金组织正式宣布特别提款权与黄金脱钩，改用一揽子货币作为定值标准。

从表面上来看，牙买加体系削弱了美元在国际货币体系中的地位，但事实却相反。特别提款权在世界储备资产总额中的比例不仅没有提高，反而逐年下降，1971 年尚占 4.9%，1980 年下降到 3.3%，1990 年下降到 3.1%，到 2002 年下降到无足轻重的 1.05%。与之相反的是，美元在各国官方外汇储备中的比重在 1990 年降至最低点 50.1% 以后，呈现出回升之势，恢复至 64% 左右的水平。2005 年，国际收支结算中美元的比例占 66.4%，欧元占 24.3%，日元占 3.7%；在国际储备的比例中，美元储备始终稳占 66% 的比例。因此，尽管欧元和日元等强势货币在世界储备资产中占有一席之地，但美元仍保持着国际计价单位、交易媒介、价值储藏手段的特殊地位。牙买加体系实质上是美元本位制。

牙买加协议严重削弱了黄金的货币职能。黄金占世界储备资产总额的比例一直都在缓慢下降，由 1949 年的 73.5% 下降到 1975 年的 18.1%。在牙买加体系下，该比例于 1985 年迅速下降到 7.6%，到

牙买加体系削弱了黄金的货币职能

1990年降为5%，2002年时仅为区区1.73%。在黄金丧失货币职能、又没有其他更好的货币可以替代美元时，美元在国际交易中被世界上大多数国家当成报价、支付和清算工具。因此，美元不仅没有丧失世界货币的职能，反而大为增强了其在国际货币体系中的霸权地位。从正面意义来看，美元本位制起到提高国际交易效率、降低交易成本的作用。但由于黄金的非货币化，美元摆脱了黄金的束缚，美国不再承担美元应承担的国际责任和义务，其货币政策也不需要像在布雷顿森林体系时代那样考虑本国的国际收支赤字和债务成本。

二、牙买加体系强化了美元霸权

从理论上来讲，当一国对另一国出现贸易逆差时，即进口多于出口，该国就产生了经常项目赤字。在这种情况下，贸易逆差的国家要么减少进口，要么提高生产率来增加出口，从而实现贸易均衡，甚至是贸易顺差。如果该国不能做出改变，长期持续的大规模国际收支逆差将会导致国民收入下降，失业增加，国际储备减少，主权信用降低，进而导致信用危机与经济危机。

然而，美国却是例外。20世纪80年代，美国就开始出现巨额的经常项目逆差，几十年来，经常项目逆差的规模更是不断扩大。换作其他国家，只能通过本国货币的贬值来促进本国商品的出口，同时以极高的利息率来吸收其他国家的资本流入。比如20世纪80年代末，阿根廷、巴西等南美国家为此不得不为美元债务支付45%的利息率。为了还债，这些国家不得不出口更多数量的本国商品来换取还债的美元，外债负担迅速膨胀。而拥有美元霸权的美国却是另一番景象。

贸易盈余国持有的巨额美元储备理论上可以投资到任何地方，但由于美国拥有全球最发达、最安全、流动性最强的资本市场，这些美元储备的绝大部分资金都流回到美国，而这些美元储备不能在美国兑换成为黄金。与此同时，美国极力阻止外国人收购其银行、航空公司、军事和技术公司等具有战略价值或市场价值的各类资产。20世纪70年代，美国只允许欧佩克成员国政府以石油美元购买美国主要公司极少量的股份。20 世纪 80 年代，日本只被允许投资于估价过高的房地产、电影公司或经营困难的公司，而美国要求其他国家出卖其关键部门的最高控制权。美国坚持要他国对美国出口商开放市场，让美国资本购买他们的企业，美国却不给他国同等的待遇。

美元成为全球经济的枷锁

结果，国际收支盈余国只能购买回报率很低的美国财政部发行的政府债券。这些国家的中央银行被迫以其手中结余的美元购买美国国债，为美国国际收支赤字和美国政府的国内预算赤字融资。美国国际收支赤字越大，各国中央银行结余的美元就越多，因而不得不再循环至美国，购买其财政部债券的钱也就越来越多。

在美元信用膨胀的同时，美国国内储蓄与投资缺口迅速扩大，经常项目逆差也随之扩大。美国可以从世界其他国家获得几乎无限的美元信贷。美国在国际市场上大量借债，意味着对美贸易顺差的国家向美国转移实际资源。在没有国内通胀的情况下，美国几乎可以无休止地从国外借款，弥补其巨额财政赤字。与此同时，美国还能大肆收购其他国家的资产以获取超额利润，而这些国家又会把这些美元以低利率回流给华盛顿和华尔街，并且为美国承担私人投资的损失。华尔街的银行可以像美国财政部那样，在计算机上创造无中生有的信用。因此，美国通过向银行收税来制造信用，然后再将其贷出，让外国政府买单，即把外国政府绑在美国政府的信用上。

美国经常项目逆差基本上可以视为“美元外流”，其通过经常项目逆差对外提供美元，最终引起全球流动性扩张。经常项目下1美元国际货币的流出往往带给世界的流动性扩张是2美元以上的基础货币增加。除去正常的各国不等的银行乘数造成的货币现金增加之外，由于新增美元大多流入货币与资本市场、石油等大宗商品期货市场，因此每1美元的现金增加导致的流动性扩张大约可以有3~5倍。在杠杆交易中，放大倍数则更大得惊人。在这种情况下，国际金融机构持有大量美元资金，各国外汇储备机构也管理着大量的美元资产。这些资金必然要在全球寻找投机或投资机会，在各国间大规模流动，从而造成了全球金融体系的动荡。

随着美元信用的不断膨胀，美元持续贬值，这样既刺激美国出口，又可以减轻美国的债务负担，而其他国家对美国的债权却相应缩水。1985年9月22日，美、英、法、联邦德国和日本在纽约广场旅馆签署协议，强令美元相对于日元和马克贬值，以求平衡美国的贸易赤字，增加美国企业的竞争力。从协议签订到1987年初的短短一年半内，美元相对日元贬值51%并仍保持下滑趋势。随着美元价值相对于欧元、英镑和日元的下降，欧洲和亚洲国家的中央银行所持有的美元遭受了巨大的损失。美国财政部的美元债券相对于这些国家的货币以百分之几十的下降速度大幅贬值，而这些国家持有的美元债券却只有4%~5%的利息回报。

因此，美国可以通过单方面扩张美元信用或者说放水的方式，改变自己的国际收支状况。这样，美元特殊的地位不仅体现了美国独一无二的霸权，而且美元本身也是美国霸权的重要支撑。美元的通货膨胀和贬值问题就可能外溢到世界各个国家和地区。美国政府可以通过发行并输出美元来征收国际铸币税，无偿占有境外美元持有者的资源。为了平衡美国经常项目的逆差，美国利用了美元的世界货币地位和美国的世界信用，通过发行国债和国库券的形式，鼓励外国资本来购买美国的国家资产，并提高回报利率，力求吸引其他国家贸易中盈余的美元再次投入到美国的国家债券中，以此利用外国美元资本回流到美国资本市场来平衡美国的贸易逆差和国际收支不平衡。要达到这个目的，美联储就必须在低利率与高利率之间不断摇摆，以保持美元的强势地位，让外国投资者感到投资于美国资本市场有利可图，从而使得国际收支盈余国家的美元储备源源不断地流进美国。因此，美国只需要维持较少的外汇储备，就能保证自己在经济政策上超然独立。

三、石油：美元霸权的根蒂

与黄金脱钩后的美元要保证自己的地位稳如磐石，最优策略就是与最重要的大宗商品挂钩。国际石油贸易是世界上最大宗的商品交易，石油便是最好的选择。石油与煤炭是现代文明得以存在的基础。尤其在军事上，石油是军队维持作战能力必不可少的战略物资。构筑石油美元体制，对确保美元作为交易媒介的垄断地位，稳定美元在世界上的强势地位和形象，以及维持美国的全球货币霸权，至关重要。

第二次世界大战前，美国和苏联是当时石油生产的两大国，一直由英国控制的中东的石油生产量较小。第二次世界大战后，美国凭借自身强大的经济与军事实力驱逐了英国势力，逐渐控制了中东地区。其中，最为巧妙的策略就是扶植犹太人在伊斯兰文化地区建立以色列这样的附庸国。早期中东各国均拒绝美国建立军事基地，以色列建立之后，中东的门户便被美国打开了。美国将以色列当成自己在中东的经济与军事基地，可以威慑、离间、控制中东各国，最终达到支配中东石油的目的。同时，还能让以色列为美国的霸道背黑锅，而美国自己却充当起阿拉伯人与犹太人之间的“调解人”，来谋取自己的利益。

随着美国对全球石油资源控制的加强，美国石油公司主导了战后市场。从第一次世界大战到20世纪70年代，标准石油解散后形成的公司中最大的三家石油公司，即新泽西州埃克森、纽约美孚和加利福尼亚州雪佛龙，与美国海湾、美国德士古、英国石油公司（BP）和壳牌石油组成了石油垄断同盟，人称“七姐妹”。这7家公司占有全球石油储量的大部分，控制着各国的经济命脉。在这种情况下，美元必然成为世界石油贸易尤其是中东石油贸易的结算货币。当石油交易与美元挂钩时，美元信用也就牢牢地与全球能源需求挂钩起来。这种以美元作为国际石油贸易计价和结算的货币体制，称之为“石油美元机制”。

美元的石油定价权是美元霸权的核心战略

对于美国来说，中东作为世界上石油储量和产量最大的地区，其石油交易必须以美元为流通货币，以确保美元体制带来的巨大利益，这是美国追逐中东石油霸权的重要目标，也是实现其全球霸权的基础。因此，美国政府中东政策的重点便是保证美元石油体制的稳定。为了维护和巩固中东石油霸权，美国政府往往通过经济、政治、外交甚至军事等多种手段交替或联合使用，以确保美国霸权意义上的石油安全。

布雷顿森林体系瓦解后，欧洲与日本都力图挣脱美元的枷锁，获得经济独立的地位，甚至有很多国家开始将手中的外汇储备从美元换成德国马克。美国精英开始采用一些巧妙的策略，来保持美元独霸天下地位。美国胡佛研究所保存的档案记载，1973年5月，几十名世界顶级金融和政治人物在瑞典瓦伦堡金融家族的海岛度假胜地萨尔茨约巴登召开会议。出席会议的有大通曼哈顿银行的戴维·洛克菲勒，洛克菲勒盟友——大西洋富田石油公司的罗伯特·安德森，英国石油公司董事长格林希尔勋爵，华宝银行的埃里克·罗尔爵士，雷曼兄弟投资银行的乔治·波尔，洛克菲勒财团代理人、后任卡特总统的国家安全事务顾问的大名鼎鼎的布热津斯基，意大利菲亚特集团的乔万尼·阿涅利，基辛格和德国的奥托·阿梅龙根。

会议的目的不是为了阻止可能产生的石油价格波动，而是如何管理将要被创造出来的大量石油美元。洛克菲勒标准石油公司顾问沃尔特·利维预计欧佩克组织的中东石油收入的上升将会超过400%。他预言："石油进口成本将大幅度提高，石油消费国的贸易平衡将遭遇巨大困境。沙特阿拉伯和阿联酋等国家空前的外汇盈余积累将导致严重后果……在石油出口国、石油进口国、石油生产国、国际石油公司的所在国以及石油生产和进口国的国家石油公司之间，政治、战略和权力关系的全面调整刚刚开始。"美国金融与石油寡头的目的无非是利用石油美元的结算优势，引发石油危机，大幅提高石油价格，以此让其他国家永久性地依赖美元。

油价飞涨的背后

1973年10月6日，在美国的策划下，埃及和叙利亚入侵以色列，发动"赎罪日战争"。1973年10月16日，欧佩克组织宣布石油提价70%，即从每桶3.01美元提高到5.11美元。除了伊朗表示反对涨价外，其他国家都表示支持这个决定。同一天，欧佩克的阿拉伯成员国指出美国在中东战争中支持以色列的事实，宣布对美国和荷兰实行石油禁运。次日，沙特阿拉伯（以下简称“沙特”）、科威特、伊拉克、利比亚、阿布扎比、卡塔尔和阿尔及利亚宣布削减石油产量。在基辛格的操作下，伊朗国王巴列维改变口气，再次提出涨价要求。1974 年 1 月 1 日，油价再度上涨，幅度超过 100%，欧佩克基准油价上涨到 11.65 美元，石油价格上涨了 4 倍。

当时美国进口的大部分石油都是来自于加拿大、加勒比地区和委内瑞拉，1973 年仅有 22% 的石油来自于中东。而欧洲与日本进口的石油有 80% 来自于中东地区，油价上涨对除英国外的欧洲与日本打击甚大。欧洲国家要想脱离美国的控制，只有与中东联手。1974 年，法国政府表示，愿意为科威特提供石化与炼油技术来换取石油。同年，法国与沙特政府达成协议，沙特在未来 20 年供应法国 64 亿桶石油（1 吨石油为 7.33 桶），而法国则提供沙特在石化工业、基础设施和军火上的援助。法国和伊拉克也达成了 50 亿桶石油的易货贸易协定。德国和日本也希望与中东达成双边协议，但却碍于第二次世界大战战败国地位，无法像法国那样自由行事。欧洲和日本都希望用本国货币来购买石油，而不需要储备美元来购买石油。这意味着美元将丧失国际结算货币的地位，换而言之，美元将丧失霸权地位。

石油输出国中最有发言权的是沙特阿拉伯。沙特的石油生产主要是由投资建立阿美石油公司的美国石油财团所控制。美国与沙特的关系极为特殊。1974 年 6 月，美国国务卿基辛格创立了美国—沙特经济合作联合委员会，强令欧佩克组织成员国只接受美元作为石油交易的结算货币。在美国的操纵下，1975 年，欧佩克国家的部长们一致同意接受美元作为石油出口的唯一支付货币，其余货币一概不行。从此，美国政府将布雷顿森林黄金交易体系转换成了一种极不稳定的以石油为基础的美元体系。而欧洲与日本不得不储备大量美元用来购买石油，它们陷入了与第三世界国家相同的命运，只能任由美国对他们进行肆意的压榨与掠夺。

1975年，美国财政部在沙特首都利雅德和沙特政府签订秘密协议，规定通过纽约的联邦储备银行，与美国财政部借贷业务建立一种新型关系。在此安排之下，沙特货币局将购买持有期至少为一年的美国财政部新的有价证券，这样沙特由于石油涨价而获得的大量美元储备将被用来弥补美国政府的赤字。在美国政府的安排下，来自华尔街的投资银行家戴维·马尔福德担任沙特货币局首席投资顾问，他负责将沙特的石油美元投入到美国的银行。相应地，美国开放国内金融市场，大量吸纳石油美元存入美国银行、购置美国不动产、购买产权和投资于证券市场，以及大量购进美国财政部债券等。通过这种由美元金融垄断地位形成的机制化霸权体系，构建美国与中东产油国的石油需求与石油供给、石油支出与石油收入、石油美元与石油物资、美元回流与美元流出的相互依赖，将美国经济的石油能源和石油资本需求与欧佩克国家石油资源供给和石油盈余资本在美国的投资回报率捆绑在一起，构成利益依赖关系。

为了强化中东石油输出国对美国的依赖性，美国不择手段地采取了种种措施。20世纪80年代，美国建立石油战略储备，推广节能降耗技术的应用，降低了美国对中东石油的依赖性，世界市场上的石油价格随之低迷不振。很多中东产油国不得不在石油经济之外，准备发展多元化的产业经济。这些国家利用石油美元资本发展本国石油勘探开采，同时向国内外的石油化工产业和石油销售网点等中下游产业链渗透和扩张。此外，还加强钢铁、建筑等基础工业建设，积极发展农业和轻工业。中东石油输出国的经济多元化政策，必然要进口工业化国家的机器设备、技术和生活必需品。美国抓住时机，积极支持本国公司大举投资中东石油输出国的多元化经济建设，来加深中东产油国对美国公司和投资者的技术和市场依赖程度，实现对中东产油国从原油勘探开发、生产炼化到成品油销售和市场终端维护的全方位操纵和控制。

由于特殊的宗教原因，中东地区的政治局势一向不太平。而美国作为全球最大的军火生产国和输出国，为了保护国内军火商集团的利益，有意或无意地制造中东地区的社会动荡，让中东产油国政府对自身政权的稳定性产生恐慌心理。美国趁机煽风点火，让这些国家的政府大量采购美国生产的军事装备，使这些国家在军火贸易上加大对自己的安全依赖。例如，沙特与美国的特殊双边关系即为典型例子。沙特用石油美元向美国购买军火，让美国驻军保证其安全，美国则以军火和驻军来换取沙特石油的控制权。

有些时候，美国还向中东地区相互对立的政治力量提供武器，激化双方的军备竞赛。军备竞赛常常加剧地区内部资源争夺和领土纠纷等冲突，而内部因石油储藏引起的边界等纠纷又进一步刺激了各国的扩军备战，从而导致恶性循环。其结果，中东地区的武装冲突连绵不绝，各国都沦为美国新式武器的试验场，而美国则在其中渔翁得利，加强了石油美元体制的稳定性。

专栏

20 世纪 80 年代拉丁美洲债务危机

20 世纪 60 年代和 70 年代，拉丁美洲国家取得了令人瞩目的经济增长。在此期间，以巴西、阿根廷和墨西哥为代表的很多拉丁美洲国家从发达国家国际债权人手中借入了大量的外债，并将其用于国内基础设施建设。拉丁美洲国家的外债规模也从由 1975 年的 750 亿美元飙升至 1983 年的 3 150 亿美元，增长了 3.2 倍。1983 年，拉丁美洲国家的外债规模达到 GDP 的 50%，接近 60% 的国际警戒线。每年本息偿付的规模也由 1975 年的 120 亿美元上升至 1982 年的 660 亿美元。

为什么拉丁美洲国家能够在 20 世纪 70 年代后期借入大量外国贷款呢？由于 20 世纪 70 年代爆发了两次石油危机，全球油价一路飙升。石油输出国获得了大量的石油美元，而这些石油美元中的很大一部分通过国际商业银行贷给了拉丁美洲国家的政府。由于拉丁美洲国家在 20 世纪 60 年代和 70 年代取得了持续的经济增长，国际债权人也愿意给它们持续提供大规模的贷款。

巴西借外债建造的大型水电站

拉美债务危机的爆发主要有三个原因：首先，随着美国和欧洲主要国家的中央银行在1979年加息以应对通货膨胀，导致拉丁美洲国家的利息支出显著上升，要按时还本付息变得越来越困难；其次，美联储加息导致美元对拉丁美洲国家货币走强，这意味着以本币计算的拉美国家美元外债的负担变得越来越沉重；再次，1981年全球贸易规模的下降导致资源与大宗商品价格下跌，由于资源与大宗商品是拉美国家主要的出口产品与创汇手段，进一步恶化了拉美国家对外债的偿付能力。

随着拉美国家外债规模逐渐放大，以及拉美国家还本付息能力的显著下降，国际金融市场一旦怀疑拉美国家不能按期偿还本息，债务危机就会不可避免地爆发。1982年8月20日，墨西哥财政部长席尔瓦—赫尔佐格宣布墨西哥政府不能继续按期还本付息，单方面要求国际债权人给予90天的宽限期，并要求与国际债权人协商进行债务展期或者提供新的贷款，以帮助墨西哥政府履行之前的债务协议。墨西哥政府的违约加剧了国际债权人的恐慌，绝大多数国际商业银行削减甚至停止对拉丁美洲国家提供新的贷款。由于拉丁美洲国家借入的大多为短期贷款，新增贷款的萎缩意味着拉美国家不能为贷款展期，从而不得不效仿墨西哥政府宣布违约，拉美债务危机就此爆发。

拉美债务危机的爆发给拉丁美洲国家的经济造成了极其严重的冲击：第一，危机导致拉美国家出现大规模资本外逃，加剧了本币贬值压力。本币贬值一方面导致外币债务负担加剧，进一步导致了债务违约行为的发生；另一方面导致进口价格上升，加剧了拉美国家国内的通货膨胀压力。第二，外部融资渠道的枯竭以及本国的资本外逃，导致拉美国家国内实际利率水平上升，进而损害了经济增长的动力。1980—1985 年拉美国家实际 GDP 增长仅为 2.3%，而人均 GDP 下降了 9%。20 世纪 80 年代也因此被称为拉丁美洲国家失落的 10 年。第三，外部融资渠道的枯竭迫使绝大多数拉美国家放弃了之前长期采纳的进口替代发展战略，转而采取出口导向发展策略。第四，拉美债务危机的爆发间接导致了区域内部分威权独裁政策的崩溃，如巴西军政府统治与阿根廷的官僚独裁政治。

四、美元霸权助推军事霸权

恩格斯曾经讲过："暴力是陆军和海军，而我们大家都知道，这两者需要'巨额的金钱'。但是暴力不能铸造金钱，它最多只能夺取已经铸造出来的金钱……因此，归根到底，金钱必须通过经济的生产才能取得；也就是说，暴力还是由经济状况来决定，经济状况供给暴力以配备和保持暴力工具的手段。"美国金融霸权尤其是其霸权核心的美元霸权，与军事霸权互为犄角，相互依赖。

1812 年的英美战争，1846 年对墨西哥的侵略战争，都迫使美国政府发行了大量国债来支持战争上的财政需要。尤其在南北战争时，美国国债由 1857 年的 2 870 万美元增加到战后的 27.55 亿美元。有趣的是，恰恰是战争国债吸引了全美投资者的资金，美国才逐渐形成了以纽约为中心的全国性资本市场。

20 世纪 70 年代末，美国大幅度降低企业和个人税率。为了取得对苏联冷战的胜利，美国政府还大量增加军费开支，期望在军事上对苏联保持绝对的优势。这些给美国带来了贸易和财政双赤字。美国的财政赤字自1982年起开始急剧增加。到1985年，美国对外又举借了1 000亿美元的债务，超过了巴西外债总额，成为全球最大的债务国。此后，美国每年对外举借1 000亿~1 200亿美元的债务。

美国在全世界132个国家部署有725个军事基地，这一庞大的基地网络构成了一个由军事基地组成的帝国。为了控制世界主要航道，美国维持了近13支巡游于全球海洋上的航母编队，它们构成了流动的军事基地。美国还大力开发基于卫星技术的高端武器，开始使外空军事化。所有这些支出都增加了美国的国际收支赤字和国内预算赤字。

2008年，美国在伊拉克战争的耗费达到6 480亿美元，已经接近越南战争的6 860亿美元，而"9·11"以来的反恐战争成本已经达到创纪录的8 590亿美元。来自东亚和欧洲的净储蓄投入美国的资本市场，变相起到了为美国战争融资的作用。据统计，截至2005年，美国的国际收支赤字已经达到7 800亿美元，而美国的净负债已占美国年GDP的大约25%，美国经济需要其他国家每天输入几十亿美元才能维持下去。

要降低美国国债，只有降低军事开支。但对于美国来说，军队与航母才是维持其美元霸权的根本。美国的军费开支每年7 000亿美元，占美国GDP的5%以上。此外，美国中情局每年开支达500亿美元，国土安全部每年开支为450亿美元。美国整个军费开支比中国、俄罗斯、英国以及其他北约国家全部国防的开支总和还要大。

在牙买加体系建立之前，一个国家进行大规模的战争往往会带来沉重的债务负担，需要通过提高税收来融资。例如，英国在其鼎盛时期，每举借一次战争借款都会带来大量为支付借款利息费用而强加的新税。结果，在军事上野心勃勃的国家变成了欠债的、高税收和高成本的经济体。当不能借到外国资金时，好战国家不得不拿出黄金维持其军事支出，或者让其货币相对于黄金贬值。过去的美国亦然。在越南战争期间，当时的金汇兑本位制对美国的海外军事支出具有强制性的约束力。

然而在牙买加体系下，欧洲和亚洲的中央银行正以比美国军事开支大得多的规模补贴美国双赤字。作为不与黄金挂钩的世界货币，美元已建立一种霸权地位，美国利用美元霸权向其他国家征税，使其他国家为美国的对外战争、美国的消费甚至美国公司收购他国公司买单。美元霸权使美国能够进口远远超过其出口能力的商品。这为美国搭其他地区的便车创造了条件。例如，当英国出口者将公司或不动产卖出换来美元时，他们将之拿到英国银行换成英镑。英国银行接下来将这些美元购买利率相对很低的美国国债。

霸权的象征：美国尼米兹级航空母舰

五、军事霸权为美元霸权护航

由于美国的军事霸权，其他国家的中央银行无法购买美国重要的股票、不动产或其他有形资产。1972 年后，当沙特阿拉伯和伊朗提议用其石油美元开始购买美国公司时，美国官员表示，这被视为一种战争行为。石油输出国组织被告知，他们尽可以将石油提高到其想要的价格，只要它用这笔收入购买美国政府的债券。美国将自由贸易奉为处理国际事务的信条，实际运行的却是国家主义和保护主义政策。美国外国投资委员会（CFIUS）成立于1975年，是一个跨部门运作的政府机构，财政部部长任主席，成员包括国务院、商务部、司法部、国土安全部、国防部、能源部等重要部门的负责人。该委员会主要负责评估和监控外国投资对美国国家安全的影响。美国外国投资委员会在判断交易是否威胁国家安全时，主要考虑国防及保持竞争优势，防止外来垄断等因素。美国对通信、航空、航运、水电、土地、不动产等方面的外来投资也有严格的限制，以防公共服务和公共利益被外资控制。出口到美国的石油和德国、日本的汽车，以及其他国家的商品，换到的是可以无限印刷的美元纸币。这些美元除了购买美国国债，也就没有任何其他的花费途径了。

美国需要大量的世界资本回流美国，才能保持其正常经济生活的流动性，美国不怕经常项目逆差，唯恐资本项目逆差。为了保持资本项下的顺差，美国会不惜动用战争手段，去破坏别国、别地区的投资环境，把美元驱赶回美国。这样，美元的需求也就会随之上升，美国就可以扩张更多的美元信用，从全球换回更多的实物财富。

反过来讲，其他大多数国家的中央银行都用美元购买美国财政部国债来压低汇率。这种回流，使得美国可以为其海外军事开销以及其国内预算赤字融资。例如，在1991年的第一次海湾战争中，美国使其

霸权主义——真正的恐怖主义

盟友自愿地承担了大部分战争费用。欧洲和近东的中央银行于是拿出一些美国财政部债券来支持美国的战争。

如果东亚与欧盟在金融上独立行事，这些地区就可以发出类似美国门罗宣言式的军事原则，让亚洲人管理亚洲，让欧洲人管理欧洲。如果这样的话，美国吸收海外资金的能力将大打折扣，也无法维持现存的海外军事基地。像当年苏联一样，美国经济将会被过度的军事开支扼杀。此外，要维持美元霸权的石油基础，美国也必须要维持全球性的军事霸权。全球石油交易量每天1亿桶，全年交易量有几百亿桶，全球石油每年的交易量额有好几万亿美元，其中绝大部分都采用美元进行结算。只有掌控了石油，才能保证美元霸权与美国的金融霸权，但是相应的军事支出必然加重美国的财政负担，刺激国债数额的增加。

一旦丧失了军事上的霸权，美元霸权就会土崩瓦解。美国必须维持高额的军费开支，来控制东亚与欧盟。欧洲和亚洲以自己的外汇血汗钱构筑了美国一家独大的军事基地链来包围自己，来控制与遏制自己。在欧洲，美国以北约机制为主要控制工具。在东亚，正如中国军事科学院彭光谦少将所指出的：美国已经揭开了新冷战的序幕，试图要将中国崛起的神话扼杀在摇篮里。美国以中国为主要作战对象，构建了以西太平洋为主要战场，以空海军为主要作战力量的“空海一体战”战役作战体系。该战略以日本和澳大利亚为南北两大战略支点的军事同盟体系。北边是日本，南边是澳大利亚，从南北两面对中国进行钳制。美国不仅要把美日、美韩同盟搞在一起，实现美日韩一体化，同时打造包括印度、越南、菲律宾在内的“亚洲小北约”。美国以西太平洋岛链为依托的军事基地体系大体上由三线五群组成，三线即西太平洋第一、二、三岛链，五群就是东北亚基地群、关岛基地群、夏威夷基地群、澳新基地群、阿拉斯加基地群等五个基地群，美国60%的核潜艇、11艘核动力航空母舰中的6艘都部署在三线五群。

在这种情况下，美国不仅不可能降低国债，还将有针对性地增加在亚太地区的军费开支。从长期来看，美军必然会继续大量采购新锐武器装备，用军事的力量来维护美元的地位，再用美元的地位维护军事的力量。换而言之，用美元在全世界掠夺资源与财富，用飞机、导弹与航母来保证美元与石油的直接联系，以维护美元霸权与美国金融霸权的地位。其结果我们可以看到，明明是美国发生了次贷危机，但美国的通货膨胀却并不严重，美国老百姓的生活水平仍然居高不下，其他国家的通货膨胀反而日趋严重，民众的生活水平缓慢下降。例如，欧洲一些国家发生了金融动荡甚至发生了政治动荡，美国却安然无恙。这其实是美国在拿全世界的资源与财富养活它的人民、军队和航母。

六、美元霸权：让世界各国纳税进贡

纵观世界历史，无论罗马帝国，还是大英帝国，为争夺金融主导或霸权地位，都是刀光剑影、十面埋伏，手段之多样可谓无所不用其极。美国作为两次世界大战的最大获利者，清醒意识到，必须避免重蹈古典帝国模式的覆辙。

如何设计出一种不同于传统意义的、又能尽享帝国之利的新型帝国模式，成为美国一代代政治家、战略家们的重大课题。于是，美元本位制便成为新型独一无二帝国的战略轴心，美元不仅仅是美国的货币，而且也是世界的货币。也就是说，这种绿色纸片不仅在美国50个州使用，而且在全世界都通用。美元本位制不是天上掉下来的，不是上帝赐给美国人的特殊恩惠。为让美元坐上这个位子，美国人可谓巧取豪夺，费尽心机，既采取一系列行动来努力营造全世界对美元的极大需求、信赖和支持，又同时给其他国家设下不少圈套。对于曾经寄人篱下的美元来说，如今能坐上今日之宝座实属不易。

为了迫使其他国家继续持有不断贬值的美元，美国供养了很多国际金融投机的狙击手，随时发动对其他国家的货币投机性和操纵性的金融攻击。美国在拉丁美洲、日本和东南亚等地区为金融危机推波助澜，迫使这些国家的货币贬值，并增加对美元储备的需求以备突发的投机性攻击。各国中央银行持有的越来越多的美元绝大部分又要重新流入美国。因此，美国的赤字持续时间越长，美国政府欠下的政府间债务就越高。外国中央银行接受的是美国纸币，而不是黄金。因此，为了应付收支赤字，美国会扩张货币与信用，而新的纸币将注入外国的货币储备，从而放大它们的货币基础，引发货币与信用的扩张。其结果，不断上升的世界价格水平不过是美国货币政策的派生物。而美国的金融与工业寡头却用其他国家流入美国的美元来收购其他国家最有利可图的关键产业。换句话来讲，用别人的钱买别人的资产。

美国通过美元霸权让外国创造的财富以掠夺性的低价源源不断地流入美国。这就像历史上的罗马帝国一样强迫附属国与殖民地都要向中央帝国进贡一样，美帝国则通过美元霸权让世界各经济体纳税进贡。美元霸权让美国成了现代的天朝上国。正如英国《金融时报》首席评论员马丁·沃尔夫所说：“作为一个国家，美国是全球最大的对冲基金、最大的风险投资公司和最大的私募基金，而且它不需要任何资本金。它具有近乎无限的融资或创造信用的能力。简而言之，美国控制着全球的购买力，这就是美国可以肆无忌惮地实施量化宽松货币政策之基本制度的基础。”

“无解”的美债危机动摇美元霸权

第五章
美日汇率战：日本经济萧条的罪魁祸首

1989 年，索尼公司的总裁盛田昭夫写了一本很有名的小册子——《日本可以说“不”》。当时，以索尼、松下、丰田等为代表的日本企业在全世界市场上建立了竞争优势。在这个小册子里，日本企业家显示出的自信或自傲，给人以这样的联想——超越美国，指日可待。日本企业家（背后是日本政府）会要求重新划分世界经济版图吗？然而，站到今天的制高点往回看，第二次世界大战后，日美经济差距在迅速缩小，但是“广场协议”的签订、日元大幅度升值成为日本经济发展的转折点：差距重新拉大。美国经济以2%～3%的速度稳步前进，而日本经济却陷入停滞，进入“失去的20年”。

一、日本经济腾飞引起欧美国家恐慌

克林顿时代的美国财政部长萨莫斯曾经惊呼：“一个以日本为顶峰

的亚洲经济区造成了大多数美国人的恐惧，他们认为日本对美国所构成的威胁甚至超过了苏联。”第二次世界大战之后，在废墟上重建的日本，作为亚洲最先起飞的经济体，无论是经济增长的质量、工业产品的出口竞争力，还是财富积累的速度和规模，都迅速达到让美国惊恐的程度。

1. 依靠制造技术的创新，日本领先于美国。日本战后以模仿西方产品设计起家，然后迅速降低生产成本，最后反过来占领欧美市场。1957 年日本制定《电子工业振兴临时措施法》，有效地促进了日本企业在学习美国先进技术的基础上，积极发展本国的半导体产业。1971 年日本又制定了《特定电子工业及特定机械工业振兴临时措施法》，成功地帮助日本企业通过加强自身研发、生产能力，有效地抵御了欧美半导体厂商的冲击，使日本半导体制品不断走向世界。此外，1978 年日本还制定了《特定机械情报产业振兴临时措施法》，进一步加强了以半导体为核心的信息产业的发展。日本的计算机很快对 IBM 和其他美国公司构成严重挑战。

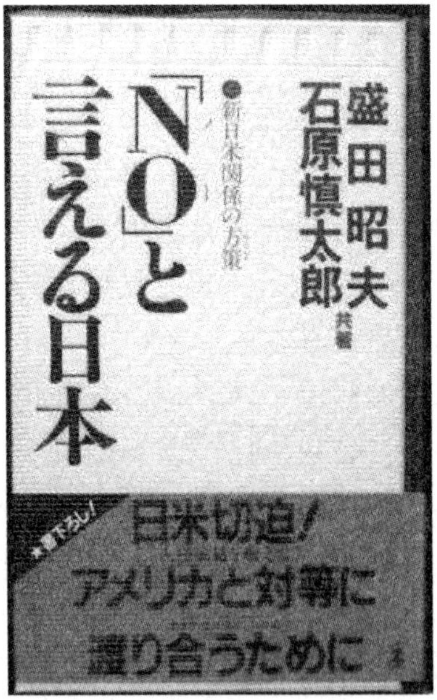

1989 年出版的《日本可以说不》

在日本半导体产业咄咄逼人的攻势下，美国开始感到危机。美国是半导体产业的鼻祖。20世纪50年代，为了争夺空间优势，适应研制新型导弹和空间飞行的需要，美国开始重点研发和扶持集成电路产业。由于集成电路是所有计算机、通信产品、消费类产品的核心，1960年，美国集成电路开始大规模投产，60年代中期几乎全部的集成电路产品和40%的半导体器件都由国防部购买，这对集成电路和半导体产业的发展起到了至关重要的作用。但是20世纪80年代，日本半导体产业开始崛起，美国半导体在品质、可靠度等方面的竞争力渐渐不及日本，导致美国在半导体领域的霸主地位岌岌可危。在经济战争中，日本在30年的时间里不断威胁美国倚重的多个经济产业并逐渐取得优势，也让美国对抵抗日本产品的进攻失去信心。

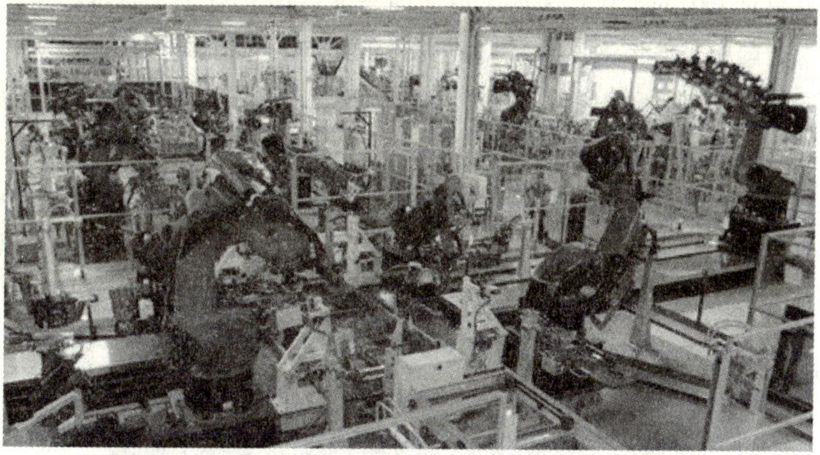

日本大规模使用工业机器人

日本在20世纪60年代已经开始在汽车工业中大规模使用工业机器人，将人工失误率降到几乎为零。70年代的石油危机使得美国生产的耗油轿车很快就被日本物美价廉的省油车打得落花流水。美国在低技术含量的汽车工业中逐渐丧失了抵抗日本车进口的能力。80年代以来，日本的电子工业突飞猛进，索尼、日立、东芝等一大批电子企业从模仿到创新，很快掌握了除中央处理器之外的几乎所有集成电路和计算机芯片的制造技术，在工业机器人和廉价劳动力的优势之下，重创了美国的电子和计算机硬件行业，甚至达到了美国制造的导弹必须使用日本芯片的程度。一度美国几乎人人相信，东芝、日立收购美国的IBM和英特尔只是时间问题，而美国的产业工人则担心日本的机器人会最终抢走自己的饭碗。

2. 日本产业的竞争优势使日本产品大举进入美国市场。日本曾从美国购买收音机、录音机和音响技术，但没过多久，美国市场上的半导体产品全是日本制造。

20世纪60年代，日本纺织品有完全压倒美国纺织工业的趋势，美国用政治压力迫使日本公司“自动设限”，主动减少对美国的出口，以避免美国设置关税壁垒。70年代，当美国几家主要的电视机生产企业因日本的竞争而几乎被迫倒闭时，在美国政府的压力下，日本企业自动限制对美国的出口，采取了退缩的态度。70年代末，日本的钢铁产量与美国相当，但工厂设备却比美国更先进、更有效率。1978年，在世界最大的22座现代化熔铁炉中，有14座属于日本，美国1座也没有。日本钢铁企业的竞争力全球第一。美国在日本的压力下，被迫采用了一套复杂的计算办法来限制来自日本的进口。到1979年，日本对外输出了450万辆汽车，其中在美国销售了近200万辆，而美国汽车在日本的销售量仅1.5万辆。为避免和美国、欧洲发生贸易战，日本自动限制汽车出口，否则，日本将很快占领美国汽车市场。20世纪80

日本汽车产业飞速发展

年代初期，电子、半导体被誉为未来的朝阳产业，全球巨大的需求决定了它将成为美国新的经济增长点，但日本并没有因为纺织品、钢铁、彩电、汽车等产业连绵30年的日美贸易摩擦而放松对美国电子、半导体市场的进攻。

在日本的出口攻势下，美国制造业节节败退。1984年美国贸易逆差达到1 090亿美元，财政赤字也在1984年达到近1 000亿美元。1985年前后，日本作为全球第二大经济体进行日元国际化时，引发了美国的不安，日美贸易摩擦逐年加剧。

3. 日本对美出口大大超过进口，导致日美贸易出现严重不平衡。据统计，20世纪60年代中期，日美贸易总额开始出现不平衡现象。之前，美国对日本的逆差仅仅只有几亿美元，70年代上升为几十亿美元，在80年代进而上升为几百亿美元，整个90年代其对日本逆差基本上在500亿美元上下波动，大约占到美国对外贸易整个逆差的50%。

从整个20世纪的日美两国贸易摩擦的商品来看，50年代以纺织品为主，60年代以钢铁为主，70年代和80年代以彩电和汽车为主。在日美的贸易摩擦中，日本对美顺差加大的时候，往往也加剧了美国失业率的上升。

以汽车产业为例，1979年日本汽车在美国市场的占有率为17%，1980年快速上升到24%。丰田名车“花冠”在1980年生产达到鼎盛，在高冈工厂中，三条组装流水线以65秒一辆的速度推出新车，年产85.6万辆。从这一年开始，丰田轿车每年生产总量均超过300万辆。

与此相反，美国的三大汽车公司经营业绩直线下降。克莱斯勒接连三年亏损，1978年亏损2亿美元，1979年亏损扩大到11亿美元，1980年亏损高达17亿美元。福特公司由盈转亏，1979年亏损10亿美元，1980年亏损增加到15亿美元，均创下历史最高亏损纪录。

为了扭转美国对日本巨额的贸易逆差，美国曾经一度指责日本没有充分开放市场，从而导致美国产品难以打进日本市场。但美国人很快就失望了，因为他们发现，即使日本打开市场，美国产品也很难畅销日本。据美国波士顿咨询集团研究报告显示，造成美日贸易逆差的原因，并非日本的保护政策，而是由于美国竞争力薄弱所致。最终，当日本的出口开始威胁到美国引以为豪的高技术产业时，美国终于忍无可忍，惊呼："日本将和平占领美国！"

专栏

朝鲜战争：日本成为最大的赢家

日本的经济现代化之路是从1868年的明治维新时期起步的。从那时起，日本政府就有"殖产兴业"、"富国强兵"、"文明开化"等发展经济的政策。与此同时，由于日本的军国主义的本性，大肆进行侵略和扩张活动，从国外掠夺了大量的财富。

在第二次世界大战中，日本虽然经受过广岛、长崎的原子弹爆炸，以及惨烈的空中轰炸，但是因日本当局接受了无条件投降，这就使日本长期积累的骨干产业，如电力、钢铁、铁路、港湾等避免了大的破坏，得以较完整地保存下来。不仅如此，由于战争的需要，一些重工业部门的生产能力反而比战前有了较大幅度的提高。

原子弹在日本长崎爆炸瞬间

经过战争的冲刷，日本战后许多指标都低于战前，经济有所倒退，实际GNP为62%，人均实际GNP为55%。由于战败，对外贸易几乎完全中断，因此与战前相比，1947年出口下降为7%，进口下降为14%。战争结束后，作为战争的发动者和战败国之一，日本负有向各被侵略国家赔偿经济损失的重大义务。但由于种种原因，包括中国在内的许多国家都放弃了索赔权。因此，客观来讲，由于日本有着扎实的经济基础，虽然由于战争各项指标有了大幅度下降，但逃脱了战争赔偿责任，日本国内经济也并非一片废墟。

（一）美国的扶持

1945年日本战败投降，随即美国单独占领了日本。由于日本缺乏自然资源，粮食也不能自给，必须向国外购买粮食和燃料等生活必需品。加之当时盟军的抑制日本政策，使日本的经济极度萧条，没有钱向国外购买粮食等生活必需品。作为日本占领国的美国必须要保证日本国民维持最低水准的生活。美国不得不每年拨出数亿美元的经费来为日本购买粮食和燃料等生活必需品。由于日本人口众多，特别是缺乏自然资源，什么都要靠进口，因此，维持日本国民最低的水准生活也要很大的开支，日本成为美国财政的一大负担。在这种情况下，美国人意识到抑制日本经济的政策对于美国来说是得不偿失，有必要扶持日本在经济上独立来减轻美国的财政负担。

为了尽快使日本自立，达到在经济上“利用日本”，美国对日本实行了扶持政策。在美国占领当局的主导下，日本采取了“倾斜生产方式”，即以煤炭和钢铁工业作为恢复经济的突破口，优先发展。到了1948年，日本经济摆脱了生产萎缩，走上了扩大再生产的道路，但同时也加剧了通货膨胀。于是美国向日本政府提出加强税收、冻结工资、削减财政补贴、停止“复兴金融公库”放款等主张，实行所谓“道奇整顿”。与此同时，“道奇整顿”使居民赋税加重，企业银根抽紧，货物积压，需求萎缩，1949年下半年起，工矿业生产开始出现呆滞势头，存货增加。有40%的中小企业倒闭，2.6%的大企业倒闭，其余大企业也无力进行设备投资和扩大生产。失业人数达到了50万人以上。道奇路线导致了生产停滞和失业增加。刚有起色的日本经济，又一步步地陷入了危机的深渊。

（二）朝鲜战争爆发

由于朝鲜民主主义人民共和国与大韩民国两个政府在许多方面

美军空袭后的朝鲜村庄

相对立，加之美国战后为了争做世界霸主，出于远东政策的考虑而对大韩民国方面进行支持，朝鲜战争于1950年6月25日爆发了，并且战争爆发后多个国家不同程度地卷入了这场战争。1950年7月7日联合国安全理事会通过决议，派遣联合国军支援韩国抵御朝鲜的进攻，联合国军司令由美国指派，第七舰队主力转往日本海进行朝鲜战争作战。由于美国人直逼中国边境，中国被迫对朝鲜战争进行干预。中国也卷入了这场战争。

支援朝鲜方面的主要是中华人民共和国，苏联空军和高炮部队也参加了朝鲜战争，并给中国大陆提供军备。而支援韩国方面的联合国军除美国外还有其他15个国家。美国出于扶持日本经济的角度则选择在日本购买军需。

（三）日本特需经济应运而生

朝鲜战争为日本经济的恢复与发展奠定了基础，提供了巨大的发展机遇。利用距离朝鲜战场近、交通方便这一特殊地理环境，日本本土成了侵朝美军的前进基地和兵站基地。美国在战后刚开始占领日本时，一直通过日本政府，以日本国家预算中的战争处理费来筹措驻军物资。朝鲜战争爆发后，美国便立即撇开日本政府，由自己出钱，直接在日本国内筹措战争所必需的物资和劳务。为了区别于日本政府的间接筹措，故称此为“特需”。在战争期间，美国每年向日本发出几十亿美元的军事订货单，把日本作为其生产军需品的兵工厂和后勤供应的基地。由此日本得到了大量的特需收入，经济迅速恢复，带来了国内的消费景气。

日本国内的各类工厂一起开工，生产的枪炮弹药、煤炭、卡车、铁蒺藜、汽油桶、钢材、毛毯、棉布、麻袋、干电池等军用物资，源源不断地运往朝鲜战场。此外，日本还向美军提供了大量的劳务服务，包括汽车和机械修理、运输、仓库保管、电报电话等等。朝鲜特需在顷刻之间为日本制造了巨额的外汇收入。朝鲜战争开始后的一年间，特需的合同金额已达3亿多美元，并全部以美元支付。到1953年末的3年半时间，特需的合同金额高达13亿美元，其中以美元支付的约为11亿多美元。除去上述这种狭义的朝鲜特需之外，还有一种广义的朝鲜特需，即为了支援朝鲜战争，大量的美军和军属来到日本居留，这些美军和军属以及驻日的“联合国”机构等非军事机关在日本的美元开支。在1952年和1953年都超过了8亿美元，1953年猛增为8.09亿，占同期日本出口总额的一半。到1953年末的3年半时间内，朝鲜特需的收入达到了24.7亿美元。

除这些有形的直接订购物资之外，日本产品还借助美国，为进入东南亚其他国家和地区市场打开了通道。同时，由于美国忙于战争，其出口能力有所下降，日本商品借此良机打入世界市场。另一方面，朝鲜战争促使西方各国扩大军备，掀起了一股采购物资热，这也促进了日本商品进入世界市场。仅1950年下半年，日本的出口比上半年增加55%。1952年的出口额是1949年的2.7倍。日本国内在道奇路线下积压的1 000至1 500亿日元的庞大物资，在特需之下，立即销售一空。钢铁、机械、造船、水泥等行业的生产也有大幅度增长。国民生产总值在1951年达到战前水平。

日本的投资者信心也因朝鲜特需的收入而倍增，证券市场有了一个大的起色。从朝鲜战争爆发到1951年末，东京证券市场的平均股价从91.9日元上升到166日元，攀升接近50%。整个经济生活空前活跃起来。

（四）朝鲜战争后日本经济景气

1951 年 7 月朝鲜停战谈判开始了。虽然美军不再需要战略物资，停止了在日本的大规模军事订货和劳务购买，但此时得益于美国之前的军备储备，此时的日本经济已经度过了最困难的时期。在朝鲜特需的拉动之下，日本城乡居民的收入在 1951 年和 1952 年间分别增加了20%和17%。日本由于朝鲜战争带来的巨大财富，人们脱离了经济困难的时期，温饱得到了保障，生活水平得到了大幅度的提高。日本迎来了“消费景气”和“投资景气”，经济飞速发展。

随着收入的增加，人们生活稳定，消费自然增加。除了像以前一样对生活必须品的需求以外，有了消费的能力，对消费品的需求不断扩大。消费的扩大刺激了生产的发展，即形成了“消费景气”。随着日本消费的景气，越来越多的财富被积累，随之而来就出现了“投资景气”。由于军备急需的特点，日本产品价格高于世界市场，价格、缺乏竞争力。朝鲜战争后日本意识到了其工业设备陈旧、技术落后、劳动生产率低，以致产品成本过高。因此，日本企业相继从欧美引进先进技术和设备，以提高生产率，降低成本。这样，以电力、钢铁、海运、煤炭等产业部门为中心，在特需经济中积累的大量资本的企业，有了充足的资本进行设备和技术的改革。与此同时，政府也增加了公共投资。这些导致了“投资景气”的出现。投资景气不仅使很多产品成本降低，还形成了日本式的技术引进模式，促进了日本科技的进步。

二、用汇率绞杀日本：美国的“阴谋”

面对日本经济突飞猛进带来的恐慌和压力，美国怎能甘心。于是，为了制约日本经济发展，美国采取了以汇率绞杀日本的“阴谋”手段，最终使日本屈服了，为自己的妥协付出了惨重代价。

20世纪80年代，美国哈佛大学著名的日本问题研究专家沃格尔教授出版了一本名为《日本名列第一》的研究专著，此书一出，立即在美国引起轰动，成为当年美国最畅销的书籍之一。从一般的美国市民、学者到国会议员、政府官员乃至五角大楼的军人都争相阅读，美国媒体也进行了大肆炒作。这本书能够迅速成为当年美国的畅销书，也证明了日本的经济进攻给美国国民带来的压力。

《日本名列第一》在中国出版

在产业竞争力无法迅速提升、巨额贸易逆差难以改变的情况下，掌握着货币霸权的美国，为了制约日本这个最大的经济敌人，再次把目光投向了以往曾经战无不胜的武器——汇率，并图谋以汇率绞杀日本。

当然，汇率是一把双刃剑，既能砍杀对手，也会使自己受到伤害。美国人逼迫日元升值的目的是保护没有效率的美国生产企业。然而其中的最大问题是，没有效率的美国生产企业会对政府的保护产生依赖，不思进取，从而逐渐丧失它们的国际市场竞争力。但是，美国企业靠技术和管理提升国际竞争力并不是一朝一夕就能完成的，在经济下滑的压力下，已经不计后果的美国迫切希望美元实现贬值、日元升值，来降低不断攀升的贸易逆差，提升美国产品在全球市场的价格竞争力。美国许多制造业大企业、国会议员纷纷游说美国政府，强烈要求政府干预外汇市场，让美元贬值，以挽救日益萧条的美国制造业。许多经济学家也加入了游说政府改变强势美元立场的队伍。

但摆在美国面前的问题是：日元是否对美元升值，仅靠美国人压服和单方决定还不算数，一定还要得到日本的认同和配合才行，为此，美国也想出了一个说服日本的理由，那就是美元被高估了，需要贬值。同时，为了防止日本不配合，美国甚至对日本进行威胁。

1983 年 10 月，美元对日元开始初次交锋。美国财政部部长唐纳德·里甘致函日本大藏省大臣竹下登时指出："由于日元被低估，以及日本对美国贸易顺差的不断扩大，在美国国内形成了强大的批判浪潮和保护主义的巨大压力，如果希望美国政府尽力防止那些试图把日本的产品和服务赶出美国市场的行动的话，那么，日本有必要在金融市场的开放和日元的国际化上采取强有力的大胆的步骤。"

唐纳德·里甘的话充满了杀机，因为日本是一个靠出口走向繁荣的国家，一旦美国对日本产品关上大门，那么日本 50% 的出口生产能力将失去市场，这会导致大批工人失业。同时，过剩的产品在消费不足的情况下，也将在国内引发恶性的价格竞争，产业经济面临崩溃的风险。

但是，日本方面却认为，日元贬值、美元升值问题的根本原因并非是日方的"人为操作"，而是美国的高利率政策。1983 年 11 月，日本首相中曾根就曾对去日本访问的里根总统说："美元因为世界经济形势不稳定的影响而变得非常强盛，希望美国方面在降低利率上多做努力。"这种礼貌语言下的交锋，也表明日本并不愿看到日元升值。

尽管日本人十分不情愿，而且非常了解美国人究竟想要干什么，但当时的日本政府领导人权衡一番利弊之后，最终还是屈服了。当时日本并没有意识到，这种妥协日后会给日本经济带来灾难性的后果。

三、日本被迫与美国签订“广场协议”

一贯自以为是的美国，每当国内出现严重的经济问题之后，首先想到的就是转嫁危机，利用汇率权仗迫使别国就范。“广场协议”的签订就是一例。

面对来自美国赤裸裸的威胁，日本虽不情愿、但也不能用强硬的态度来拒绝，只能寻找一个合适的理由，体面地化解这一危机。那么这个理由是什么呢？日本认为合理的理由是：日元贬值、美元升值问题并不能完全归罪于日本对日元的“人为操作”，而是美国的高利率政策造成了全球对美元的追捧，从而造成美元升值的问题。然而，美国急需解决的经济衰退、巨额贸易逆差问题并不是日本一个口头解释就能烟消云散的。因此，一场胁迫日元升值、美元贬值的鸿门宴还是拉开了帷幕。

1985年9月，应美国里根政府财政部长詹姆斯·贝克的邀请，美国、日本、联邦德国、法国、英国五国财政部长及五国中央银行行长，在美国的纽约广场饭店①举行会议，会议达成了五国政府联合干预外汇市场，使美元对其他主要货币的汇率有秩序下调，以解决美国巨额贸易赤字的决议，这就是著名的“广场协议”。协议中规定日元和马克应大幅升值，以挽回被过分高估的美元价格。

协议签订后，五国联合干预外汇市场，各国开始抛售美元，继而形成市场投资者的抛售狂潮，导致美元持续大幅度贬值，以解决美国巨额的贸易赤字。据说在广场会议上，当时的日本大藏省大臣竹下登表示，日本愿意协助美国采取入市干预的手段压低美元汇价，甚至说“贬值20%都没问题”，这种行为后来被日本人斥为“卖国贼行径”。

这场逼迫日元升值的协议，签订的顺利程度让美国人都想不到。

① 位于美国纽约第五十九街上的纽约广场饭店和纽约中央公园隔街对望，这座高76米、长122米、“城堡”状的建筑一直是名流要人下榻之地，被认为是名流的代名词。

G5（美、英、法、德、日）财长与央行行长签署了广场协议，
台上发言者为美国财政部长詹姆斯·贝克。

前美联储主席保罗·沃克回忆说："最令人吃惊的是当时日本的大藏省大臣竹下登主动提出允许日元升值10%以上，这大大出乎我们的预料。"那么，是什么原因让日本做出如此大的让步呢？前日本银行行长行天丰雄后来解释说："日本政府对当时美国日益上升的保护主义感到惊慌，准备接受一次日元的大幅度升值，以缓解对美贸易关系。"

日元升值的背后，一方面是美欧施压，转嫁国内经济矛盾的结果；另一方面也是日本人有着不可告人的野心，即隐藏着日元国际化的图谋。

因为作为国际货币会占据相当的优势，可以对他国经济进行盘剥，曾经是受害者的日本太清楚不过了。日本知道，作为国际货币，最大的好处就是把风险转给别人，安全留给自己，因为企业交易使用自己的货币，就不存在汇兑风险了，兑换风险都给人家；兑换多，风险就多。当时，同样是出口大国的联邦德国已经开始货币国际化的进程，西德马克最高时占国际总储备货币18%的比例，成为继美元之外的另一种主要货币。

1978年12月，日本大藏省提出了"正视日元国际化，使日元和西德马克一起发挥国际通货部分补充机能”的方针。1985年，日本贸易总额高达3 052亿美元，日元不断升值，各国外汇储备总额中日元所占比重也达到8%。在这些有利条件下，日本外汇审议局于1985年发表了《关于日元的国际化》等一系列官方文件或协议，正式推进日元的国际化进程，挑战美元的霸权。

日元对美元的大幅度升值虽然削弱了出口企业的价格竞争力，但日元能够兑换更多的美元，也让日本的财富大幅增长。于是，日本拉开了对美国资产的收购潮，索尼公司以34亿美元的价格购买了美国文化的象征之一——哥伦比亚影片公司，三菱公司以14亿美元购买了更重要的美国国家象征——洛克菲勒中心。到20世纪80年代末，全美国10%的不动产已成日本人的囊中之物。美国人惊呼：“狼来了”！

但是，日元国际化面临一个问题就是：日本是当时全球最大的贸易顺差国，每天大把收进美元，把日元花出去的机会并不多。还有，如果持续保持日元顺差，日本发行的日元就都转回来了，就会造成市场上日元的匮乏——这就是作为国际货币的“特里芬之谜”，也是美元流动性泛滥的理论基础。

为了破解这一难题，日本首先瞄准了东亚。日本利用资金雄厚的优势，开始向包括中国在内的亚洲国家大量发放日元贷款。1972—1982年，日本对东盟五国的直接投资总计为101.66亿美元；1960—1978年，日本向东南亚提供政府开发援助总额为35亿美元，中国，北京地铁一号线、北京首都国际机场、武汉长江二桥等项目建设中都使用了日元贷款，靠着这些贷款和援助，日元在亚洲国家实现了一定程度的国际化。

若干年后，日本人才彻底感到了这一让步所带来的巨大创伤和惨痛代价，这一让步导致了日本20年的经济衰退！

专栏

金融危机

金融危机，顾名思义，是金融领域的危机。其具体表现为金融资产价格大幅下跌或金融机构濒临倒闭，或某个金融市场如股市或债市暴跌等。

由于金融资产的流动性非常强，因此，金融的国际性非常强。金融危机的导火索可以是任何国家的金融产品、市场和机构等。金融危机可以分为货币危机、债务危机、银行危机、系统性金融危机等类型。

金融危机也直接冲击个人的生活。通货膨胀、企业倒闭、经济困境降低了人们的支付能力，这不仅使得还不起房贷的人增多，也大大降低了许多人的生活质量。美国次贷危机后就不断有普通美国人抱怨，连日常开支都要一再思量、一再缩减。

专栏

索罗斯与东南亚金融危机

在20世纪90年代初期，当西方发达国家正处于经济衰退的过程中，东南亚国家的经济却出现奇迹般的增长，经济实力日益增强，经济前景一片灿烂，东南亚的经济发展模式在经济危机爆发前曾一度是各发展中国家纷纷仿效的样板。东南亚国家对各自的国家经济非常乐观，为了加快经济增长的步伐，纷纷放宽金融管制，推行金融自由化，以求成为新的世界金融中心。但东南亚各国在经济繁荣的光环闪烁中却忽视了一些非常重要的东西，那就是东南亚各国的经济增长不是基于单位投入产出的增长，而主要依赖于外延投入的增加。在此基础上放宽金融管制，无异于沙滩上起高楼，将各自的货币无任何保护地暴露在国际游资面前，极易受到来自四面八方的国际游资的冲击。加上由于经济的快速增长，东南亚各国普遍出现了过度投机房地产、高估企业规模以及市场需求等问题，发生经济危机的危险逐渐增加。

早在1996年，国际货币基金组织的经济学家莫里斯·戈尔茨坦就曾预言：在东南亚诸国，各国货币正经受着四面八方的冲击，有可能爆发金融危机。尤其是泰国，危险的因素更多，更易受到国际游资的冲击，发生金融动荡。但戈尔茨坦的预言并未引起东南亚各国的重视，反而引起反感。东南亚各国仍陶醉于自己所创造的经济奇迹中。

东南亚出现如此巨大的金融漏洞，自然逃不过索罗斯的眼睛。他一直在等待有利时机，希望能够再打一场英格兰式的战役。1993年，索罗斯认为马来西亚货币林吉特被低估，决定拿林吉特作为突破口。他联合了一些套利基金经理开始围剿林吉特，但是马来西亚总理马哈蒂尔却决心维持低币值的林吉特，采取了一系列强有力的措施，加强了对本国资本市场的控制，索罗斯及一些套利基金经理无机可乘，只好暂且收兵。马来西亚货币林吉特也因此才免遭劫难。但在马来西亚的小败并未使索罗斯退却，他只是等待下一次更好的机会。

随着时间的推移，东南亚各国经济过热的迹象更加突出。各国中央银行采取不断提高银行利率的方法来降低通货膨胀率。但这种方法也提供了很多投机的机会，连银行业本身也在大肆借入美元、日元、马克等外币，炒作外币，加入了投机者的行列。其造成的严重后果就是各国银行的短期外债巨增，一旦外国游资迅速流出各国金融市场，将会导致令人痛苦不堪的大幅金融震荡。东南亚各国中央银行虽然也已意识到这一问题的严重性，但面对开放的自由化市场却显得有些心有余而力不足。其中尤以泰国问题最为严重。因为当时泰国在东南亚各国金融市场的自由化程度最高，泰铢紧盯美元，资本进出自由。泰国经济的“泡沫”最多，泰国银行则将外国流入的大量美元贷款移入到了房地产业，造成供求严重失衡，从而导致银行业大量的呆账、坏账，资产质量严重恶化。1997年上半年，泰国银行业的坏账据估计高达9 000亿泰铢（约合310亿~350亿美元）。加之借款结构不合理，更让泰国银行业雪上加霜。泰国银行业的海外借款95%属于不到一年的短期借款。

索罗斯看准了东南亚资本市场这一最薄弱的环节，决定首先大举袭击泰铢，进而扫荡整个东南亚国家的资本市场。1997年3月，

马来西亚总理马哈蒂尔直接怒斥索罗斯为
“亚洲金融危机的纵火犯”

当泰国中央银行宣布国内9家财务公司和1家住房贷款公司存在资产质量不高以及流动资金不足问题时，索罗斯认为千载难逢的时机已经到来。索罗斯及其他套利基金经理开始大量抛售泰铢，泰国外汇市场立刻波涛汹涌、动荡不安。泰铢一路下滑，5月份最低跌至1美元兑26.70铢。泰国中央银行在紧急关头采取各种应急措施，如动用120亿美元外汇买入泰铢、提高隔夜拆借利率、限制本国银行的拆借行为等。这些强有力的措施使得索罗斯交易成本骤增，一下子损失了3亿美元。但是，只要索罗斯对他原有的理论抱有信心，坚持他的观点正确，他不仅不会平掉原来的头寸，甚至还会增加头寸。3亿美元的损失根本无法吓退索罗斯，他认为泰国即使使出浑身解数，也抵挡不了他的冲击。他志在必得！

1997年6月下旬，索罗斯筹集了更加庞大的资金，再次向泰铢发起了猛烈进攻，各大交易所一片混乱，泰铢价格狂跌不止，交易商疯狂卖出泰铢。泰国政府动用了300亿美元的外汇储备和150亿美元的国际贷款企图力挽狂澜。但这区区450亿美元的资金相对于无量级的国际游资来说，犹如杯水车薪，无济于事。

1997 年 7 月 2 日，泰国政府由于再也无力与索罗斯抗衡，不得已改变了维系 13 年之久的货币联系汇率制，实行浮动汇率制。泰铢更加狂跌不止，7 月 24 日，泰铢已跌至 1 美元兑 32.63 铢的历史最低水平。泰国政府被国际投机家一下子卷走了 40 亿美元，许多泰国人的腰包也被掏个精光。

索罗斯初战告捷，并不以此为满足，他决定席卷整个东南亚，再狠捞一把。索罗斯飓风很快扫荡了印度尼西亚、菲律宾、缅甸、马来西亚等国家。印尼盾、菲律宾比索、缅甸元、马来西亚林吉特纷纷大幅贬值，导致工厂倒闭、银行破产、物价上涨等一片惨不忍睹的景象。这场扫荡东南亚的索罗斯飓风一举刮去了百亿美元之巨的财富，使这些国家几十年的经济增长化为灰烬。

亚洲的金融危机还迅速波及到了拉丁美洲和东欧及其他亚洲的外汇和证券市场，巴西、波兰、希腊、新加坡、中国台湾等国家和地区的外汇和证券市场也发生了动荡，货币与证券价值纷纷下跌，这些国家的政府也不得不动用国库支持本国货币及证券市场。许多国家已到了谈“索”色变的地步。

四、日元大幅度升值重创日本经济

“广场协议”的签订使得日元极速升值，吸引了大量境外热钱涌入日本，造成日本经济发展严重受阻并出现大量泡沫。随后的 10 年中，日元升值成了日本国民挥之不去的梦魇。

“广场协议”。签订后的 17 个月内，日元升值了 57%。日元升值吸引境外热钱大量涌入日本，一方面形成了推动日元进一步升值的市场力量；另一方面也为房价、股价的疯涨提供了资金层面的强大动力。

协议签订前，美元兑日元 1:250 上下波动，协议签订后，在不到 3 个月的时间里，快速下跌到 200 日元附近，跌幅为 20%。在这之后，以美国财政部长贝克为首的美国政府当局和以美国国际经济研究所所长为代表的经济学专家们不断地对美元进行口头干预，表示当时的美元汇率水平仍然偏高，还有下跌空间。在美国政府强硬态度的暗示下，美元对日元继续大幅度下跌。1986 年底，1 美元兑 152 日元；1987 年，最低到达 1 美元兑 120 日元。在不到 3 年的时间里，美元兑日元贬值达 50%，也就是说，日元兑美元升值 1 倍。

1987 年 2 月，西方七国财长在法国罗浮宫签订《罗浮宫协议》，日本迫于美国压力，实施了 1987 年 2 月至 1989 年 5 月的超低利率，超低利率虽然降低了日元升值带来的热钱涌入速度，但银行为了盈利，在利率降低的情况下开始大量放贷。20 世纪 80 年代初，日本金融机构贷款与 GDP 的比例为 50% 左右，到 80 年代末已升至 100%。1987—1989 年，日本货币供应量年增长速度分别为 10.8%、10.2% 和 12%，持续保持较高水平。长期的低利率政策使得本来资金充裕的日本到处充斥着廉价的资金，但由于企业创新能力不足，利润空间小，资金大都投向股票、房地产，引发了泡沫经济。

日元升值以及超低利率导致的结果就是：1987—1989 年，日本股票价格平均上涨 94%，城市土地价格平均上涨 103%，日元升值带来国内房价和股价飙升。在广场协议签订后的 10 年里，日元币值平均每年上升 5% 以上，无异于给国际资本投资日本的股市和房市一个稳赚不赔的保险。在广场协议后近 5 年时间里，股价每年以 30%、地价每年以 15% 的幅度增长，而同期日本名义 GDP 的年增幅只有 5% 左右。泡沫经济离实体经济越来越远，虽然当时日本人均 GNP 超过美国，但国内高昂的房价使得拥有自己的住房变成普通日本国民遥不可及的事情。

直到此时，瞄准日本的子弹已经初步具备击发的条件，但美国的金融界却仍在忍耐，他们在等待日本经济进入疯狂的阶段，再射出致命的子弹。为了让日本的楼市和股市尽快进入疯狂状态，美国的金融机构又开始向日本安放了“特洛伊木马”——股指期货。股指期货的创立，把日本股市助推到了疯狂的高度，1989 年日本股市大幅上涨，同一时期股指期货也开始大幅上涨。虽然这一年的 5 月日本开始实施紧缩货币政策，但这个利空消息公布之后，日经225指数却反常地继续上升。

五、洛克菲勒广场重新回到美国手中

以汇率为武器对日本经济进行成功打击后，美国取得了巨大的收益。但贪婪的美国并没有就此罢手，继续利用日元大做文章，连续出动组合拳，对日本金融的伤口上再撒了一把盐。

目前我们并不清楚，美国诱导日元升值是不是有更长远考虑，是不是货币战争阴谋，但是我们可以看到，日元升值后的美日两国货币政策的互动和日本“失去的10年”。同时，美国还留下了一个“伏笔”，就是借推动日元国际化之名，实际上要解除日元汇率的“国家干预”，为美国的下一轮金融攻击打下了埋伏。

纽约洛克菲勒中心广场

日元升值虽然增加了国际购买力，使得日本能买下以前想也不敢想的美国洛克菲勒大厦和好莱坞的哥伦比亚影片公司，但同时也带来国内房价和股价的飙升。随后，一个重要的“日美结构协议”开始在1989年谈判，后在1990年签订。协议主要涉及两国储蓄投资模式问题，其中，日本的问题在于改革流通市场、企业组织形态，促使开放市场，包括将银行公司持股标准由5%降到2%，反对垄断，等等。

在这些组合拳的打击下，闻风而动的日本银行资金于是开始抽离股市，但很快波及实体经济。自1990年开始，日本股价与地价纷纷坠落。1990—1996年，银行业损失惨重，1995年7月，日本大藏省银行厅公布日本银行业不良资产高达50万亿日元，日本破产企业年均高达14 000家左右。有统计显示，日本因股市和房地产暴跌而造成的损失达6万亿美元。大批日本企业难以应对资金困局，不得不把以往购买的美国资产廉价出售。

美国人满足了吗？没有！从1993年2月至1995年4月，当时克林顿政府的财政部长贝茨明确表示，为了纠正日美贸易的不均衡，还需要有20%左右的日元升值，当时的日元汇率大致在1美元兑120日元左右，所以，根据美国政府的诱导目标，日元行情很快上升到1美元兑100日元。以后，由于克林顿政府对以汽车摩擦为核心的日美经济关系采取了比较严厉的态度，到1995年4月，日元的汇率急升至1美元兑79日元，创下历史最高纪录。

日元升值的后果是什么？洛克菲勒广场重新回到了美国人手中，通用汽车在这个广场的一卖一买中净赚4亿美元。日资在艰难度日中大规模亏本，退出美国市场。美国成功地击退了日本的经济进攻。1995年之后，日本和美国的GDP之比重新拉开了距离，而且越来越大。

有人算了一笔账，假设一家美国财团预知1985年的日元价值，在1983年用100亿美元兑换成2.4万亿日元进入日本市场，购买日本股票和房地产，到1988年年初，已经赚到了1倍——那就是4.8万亿日元。这时，由于日元兑美元升值到120：1，当把手中所有持有的日本的房地产和股票抛售完。然后兑换回美元，那么就是400亿美元。相当于在5年时间中净赚300亿美元（还是最低假设）。反观日本，突然离开的巨额外资立即导致了日本金融体系的崩溃——经济学称之为“泡沫经济破灭”。

获利的资本400亿美元回到美国，促进了美国的经济发展。所以，日本“失去的10年”，正是美国“兴旺的10年”。美国赚够了，日元兑美元现在又重新回到了1:140的位置上，美元依然和30年前一样坚挺。美元暂时性的贬值，并没有损害到美元的国际地位。这场美日的经济战争，以美国完胜而告终。

但事情远远没有结束。因为过度的升值之后，导致全球很多持有日元资产的这些投资者发现，日元这样大幅度地升值，那未来一定是要贬值的，所以就纷纷开始抛售日元资产，导致日元大幅度地贬值。

尤其是1998年亚洲金融风暴，日本从亚洲市场抽回资金，大幅降低利率，日元大幅贬值。虽然挡住了国际游资和热钱的进攻，但是当日元贬值到144日元兑换1美元时，盛传美国克林顿政府出手了，它动用了国家基金抄底日元。1999年，仅一年时间，日元又大幅升值，103日元兑换1美元，美国获利30%。如果在这几年日元的升值、贬值通道里，美元一进一出两个来回，利润率能达到200%。而日本损失了多少国民财富?

汇率战争，确实是一场真金白银的战争。其胜负结果往往比枪炮造成的损失更加严重。日元升值，让曾经踌躇满志的日本却深陷经济低迷的困境难以自拔，漫长的衰退期使它的GDP总量至今只有美国的40%，日经指数在2007年重上高峰时也只有1989年最高水平的46%。与此同时，日本金融机构也纷纷退出世界十大银行之列。

很多日本学者通过事实对比，痛苦地承认：在这场第二次世界大战之后的金融之战中，日本再次败给了美国。

专栏

1998年俄罗斯债务危机

俄罗斯债务问题，第一源于其所继承的大规模苏联外债，且偿债能力随着休克疗法的进程而不断恶化。休克疗法曾成功帮助玻利维亚摆脱拉美主权债务危机的影响，其大刀阔斧的改革措施也满足当时俄罗斯领导人的偏好，因而俄罗斯从1992年开始了以休克疗法为核心的经济改革。休克疗法看似美好，但事实上是加速俄罗斯经济恶化和崩溃的罪魁祸首。在商品短缺的情况放开物价必定会导致通胀的恶性发展；在经济增长乏力的情况使用紧缩政策以遏制通胀和压缩开支弥补赤字将会导致社会生产的进一步下滑，进而进一步推动通胀的恶化；而不切实际的私有化方案导致大量国有资产流失到权贵阶层的手中，恶化了收入分配问题。休克疗法的结果是俄罗斯出现恶性通胀，物价失去控制，卢布不断贬值，投资大幅度下降，居民实际收入下降，消费市场萎缩，最终造成经济的长期衰退。

雨后的莫斯科红场

第二，俄罗斯各级政府在财政收支问题上的博弈加速了俄罗斯债务问题的恶化。由于中央政府将包括增值税在内税收总额较大的税种划为自身征收，而将个人财产税等总额较低的税种划归地方政府，导致俄罗斯地方政府收入中税收收入所占比重较低，地方财政非常困难，从而促使地方政府一方面截留联邦税款以平衡地方财政收支，另一方面地方政府想方设法借债，发债冲动也非常强烈，甚至部分地方政府直接向欧洲国家发债。

第三，畸形的经济结构是主权债务危机爆发的深层次经济因素。俄罗斯经济结构的不合理体现在如下三个方面：一是产业结构畸形，这是俄罗斯继承苏联遗产的必然结果。俄罗斯的主导产业仍然是资本密集型的基础工业，现代产业极为落后，俄罗斯政府的政策行为导致该国食品工业严重衰退，轻工业几乎消失，只能依靠能源产业等重工业优势作为国民经济的主要增长点。这使得俄罗斯经济逐步沦为出口石油、天然气和其他初级产品以换回食品、日用消费品的低级循环。二是国民经济对外贸的依存度过高，这是俄罗斯畸形产业结构的必然结果。据统计，俄罗斯70%以上的出口为能源和初级产品，30%以上的进口是食品和日用消费品，对外贸易总额约占GDP的35%，外汇收入的70%来自石油和天然气的出口。国际能源价格的波动对俄罗斯的偿债能力有决定性的影响。三是俄罗斯引进外资的结构不合理。截至危机爆发，俄罗斯累计引进外资218亿美元，但是外商直接投资只占其中的37%，大量外资被投入证券市场，外国金融机构持有短期国债总额的33%，约70%的股票交易量和40%的国债交易额由外资掌握。再加上资本项目的盲目开放和卢布自由兑换，来去自由的国际资金已构成金融危机爆发的必要条件。

第四，1997年俄罗斯动荡的政局推动了主权债务危机的爆发和蔓延。1997年，俄罗斯总统叶利钦出于政治考虑，突然解除切尔诺梅尔金的总理职务并解散切氏政府，提名缺乏经验且不负人望的基里延科担任俄罗斯总理。叶利钦的决定导致了总统、政府与杜马之间激烈的政治冲突。基里延科的提名经过杜马的三次表决才勉强通过，总理空缺的政府真空期内，联邦政府竟少收约30亿美元的税款，使早已入不敷出的联邦财政雪上加霜。

第五，俄罗斯主权债务危机是亚洲金融风暴在全球蔓延的重要一环。俄罗斯从1996年开始向国际资本开放本国资本市场。当时，由于资产价格处于历史低位，大量外资涌入俄罗斯投资于股市、债市，促成了俄罗斯资本市场的繁荣。但是，繁荣掩盖不了潜在的风险。国际资本基本都投资于俄罗斯的短期国债，这类国债回报率高，期限一般以一个季度和4个月为主。换而言之，在俄罗斯资本市场投机的国际资本只要有任何风吹草动就会迅速撤离。亚洲金融风暴爆发早期，俄罗斯所受影响并不严重，甚至还有部分国际资本流入俄罗斯躲避金融危机的影响。好景不长，随着韩国国内金融局势恶化，大量韩国资本从俄罗斯撤走，导致市场信心崩溃，其他国家资本也纷纷撤离俄罗斯。资本流动的突然转向拉开了俄罗斯主权债务危机的序幕，在这一点上，俄罗斯与80年代的拉美地区如出一辙。

危机爆发后，俄罗斯经济受到严重冲击。当年GDP下降2.5%，工业生产下降3%，粮食产量下降2400万吨，物价急剧上涨，人民生活水平下降。俄罗斯外汇储备损失惨重，卢布失守蛇形浮动汇率制度，卢布的大幅度贬值导致俄罗斯外债偿本付息压力更大，再考虑到国债利率的疯狂上升，俄罗斯政府的借贷成本之高令人难以想象。据新闻报道，俄罗斯政府从国债市场筹集1卢布的成本竟然高达12卢布，如此高的利息迫使政府只能从国外筹集资金，从而陷入恶性循环之中。俄罗斯银行系统陷入崩溃，大量银行倒闭，流动性紧缺，套期交易全线违约，支付功能丧失殆尽。俄罗斯主权债务危机对国家金融、财政和经济运行的破坏作用很难在短期内恢复。

第六章
抑制欧元：美国不允许欧元挑战美元

自从欧元问世以来，一个非常值得关注的现象就是，针对欧洲或围绕欧洲发生的战争、动荡、金融危机一直连绵不断。1992年4月至1995年12月的波黑战争，1996—1999年的科索沃战争，2003年的伊拉克战争，2011年的利比亚战争，再到随时可能展开的针对伊朗的军事打击，美国的对手逐个被改换政权；同时始于突尼斯的阿拉伯之春，逐渐蔓延到埃及、利比亚、也门，一直到叙利亚，至今没有停息；此外，金融危机一直连绵不断，从冰岛危机到迪拜危机，再到欧洲债务危机，逐渐深化和蔓延，不仅成为让欧洲惶恐不安的魔咒，也成为全球挥之不去的阴影。

一、欧元动了美元的奶酪

自2007年美国发生次贷危机以来，美元地位一落千丈，欧元屡创佳绩。各国央行纷纷抛售美元，欧元对美元大有取而代之的势头。人们对美元的信心降到了历史最低点，甚至有很多人预言欧元将会取代美元登上世界货币的宝座。欧元的问世至少在五个方面对美国的最核心利益构成了威胁。

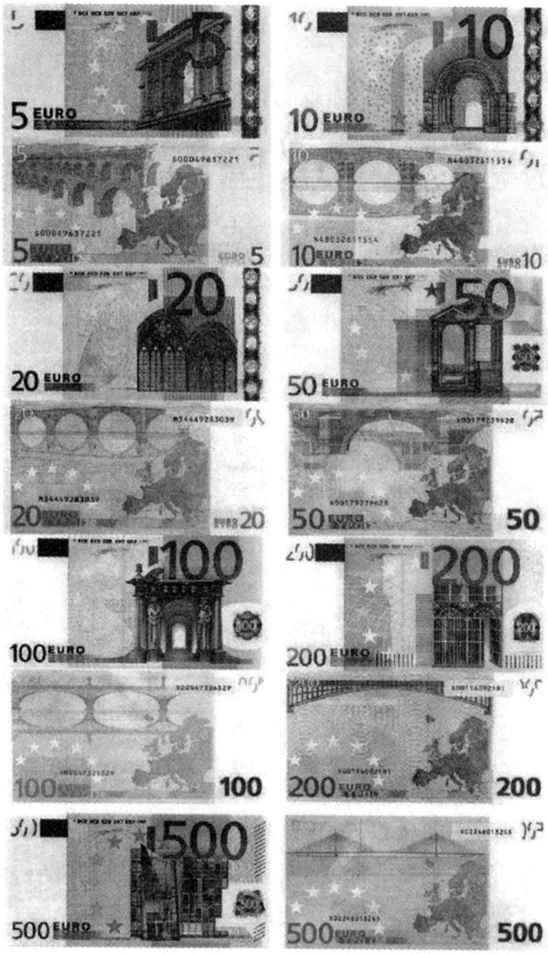

各种币值的欧元

欧元对美国构成威胁的第一大原因是结算货币——定价权的削弱。结算货币是指世界上认可度高的货币，如美元、欧元、日元、英镑等，都是结算货币。但是，日元、英镑在与美元的博弈中都已败北，对美元构不成任何威胁。欧元的问世，则打破了美元一统天下的强势地位，因为欧元是一个集合体，依托的基础是德国、法国、意大利、西班牙这样的欧洲强国，它们在制造业、金融业等方面互补，从而形成不可忽视的竞争力。由于欧元提供了一种能够替代美元的结算货币选择，故而它势必会削弱美元的传统地位。

更为重要的是，结算货币的地位与定价权的掌控程度是相伴的，如果美元的结算货币地位被削弱，这同时意味着，美国谋求自身利益最大化的定价权被削弱，如果定价权被削弱，美国将不能再自由地操纵大宗商品等价格的走势。

定价权是如此重要。郎咸平教授指出：别人称我们是制造业大国，我们的制造，只不过是国际产业链分工里利润最薄的一环。产业链中的其他环节，包括产品设计、原料采购、仓储运输、订单处理、批发和零售，都在人家手里，到最后会是什么结果？那就是原材料的定价权由别人掌控，出口销售价格也由别人掌控，这个制造环节，放在中国还要破坏我们的环境，浪费我们的资源，剥削我们的劳工。我们辛辛苦苦创造出的利润，就这样被别人吸光了。

欧洲一些国家走到一起推出欧元的目的就是为了抱团取火，挑战美元的霸主地位。伴随着欧元的问世，欧洲的态度越来越明确，也越来越让美国不安。

早在2002年6月，俄罗斯与德国就开始研究用欧元作为俄罗斯向德国出口石油的结算货币。媒体做了以下报道：德方认为这可能是石油贸易的一场革命，因为迄今为止全世界的石油交易几乎全都用美元结算。俄方对此的考虑是减少对美元的依赖性。双方的政治家和银行家打算在一个或几个交易所为俄罗斯的石油创建用欧元结算的期货交易，使双方都能从中受益。对德国来说，一方面有利于使进口石油价格保持相对稳定，另一方面可以减少对欧佩克的依赖。在过去的几年，德国每年进口的石油已达1.05亿吨，从俄罗斯进口的量约占进口总量的30%。对俄罗斯来说，用欧元结算可以提高其石油收入的稳定性。

俄罗斯与德国的带头示范作用，引发了其他相关国家的跟进。比如，伊拉克、伊朗等国纷纷选择用欧元作为结算货币。也正是因为俄罗斯的带头大哥作用，提醒美国进一步加强对海湾石油的控制权，以更好地操纵油价，而这一点正是美国能够在经济上有效打击俄罗斯的利器！

美国强化石油控制权，主要是通过对海湾国家政权的巨大影响力来实现的。如果伊拉克战争让海湾国家臣服美国的话，那么阿拉伯之春则使海湾国家彻底对美国言听计从。从伊拉克战争开始，环绕欧洲的战争、动荡、危机不断，这延缓、阻碍了欧元的扩张步伐，时至今日，欧元对美元结算货币地位的挑战仍然被限定在一定的范围内。

专栏

“欧元之父”——罗伯特·蒙代尔

1999 年诺贝尔经济学奖获得者、著名经济学家
罗伯特·蒙代尔

罗伯特·蒙代尔 1932 年出生于加拿大的金斯敦市，1997 年获美国经济学会颁发的杰出人士奖，1998 年被评选为美国艺术和科学院院士。早在 20 世纪 60 年代，蒙代尔就富有远见地预言，在一个更加开放的经济体系中，汇率变动和资本高度流动对经济政策会产生极大影响。他以一篇论及“最优货币区”的文章奠定了欧元理论，最终促使欧元顺利出台，因此被尊称为“欧元之父”。

1999 年 10 月 13 日，瑞典皇家科学院将该年度的诺贝尔经济学奖授予了蒙代尔；瑞典皇家科学院长达7页的赞词，肯定了他“欧元之父”的地位。蒙代尔的贡献在于开放条件下宏观经济稳定政策分析以及对最优货币区的分析。尽管几十年过去了，蒙代尔教授的贡献仍显得十分突出，并构成了国际宏观经济学教学的核心内容。

开放条件下宏观经济稳定政策理论认为，不同汇率制度对宏观经济的影响存在巨大的差别。在浮动汇率下，货币政策效果明显，财政政策软弱无力；而在固定汇率下，结果与此相反。这个结论对各国的金融实践有很深远的影响。它很清楚地表明了一个原则，即当一国面临的外部冲击主要是由国际资本的流动造成的时候，固定汇率制应该是较为理想的汇率制度。

东南亚金融危机的爆发是对该理论的一个佐证。大多数东南亚国家较早、太快地开放了本国金融市场，在资本市场完全开放的前提下，本国脆弱的金融体系不能够抵挡来自国际游资的大规模冲击，造成整个汇率体制的崩溃。所以，应该像中国所做的那样，资本市场的开放应是有计划的、渐进的。

蒙代尔做出的另一个重要的贡献是对最佳货币区域的分析。1855年，法国大文豪维克多·雨果在一篇文章中提到，欧洲币种繁多，弊多利少，他说：“增加币种，就是增多摩擦，就是减少流通。”他憧憬有一天欧洲出现一种通用的单一货币。1999年1月1日，欧洲统一货币——欧元正式诞生。在经过3年的过渡期之后，2002年1月1日，欧元纸币和硬币正式进入流通领域，成为欧元区唯一合法的流通货币，雨果的梦想在一百多年后终于变成了现实。

欧元的诞生，得益于蒙代尔在1961年提出的观点。当时只有30岁的蒙代尔在自己的文章里提出这样一个问题：“一些国家什么时候会愿意放弃货币主权，而去使用一个共同货币呢？”按照他的设想，西欧各国经济水平相近，相互之间要素流动性较高，可以组成一个货币区，区域内各成员的货币相互之间实行固定汇率，甚至使用同一货币。他的这个设想指引欧洲的决策者把欧元从一个纸面上的概念变成今天的现实，因此，人们都把蒙代尔称为“欧元之父”。

欧元对美国构成威胁的第二大原因是铸币税。所谓铸币税，简而言之，就是通过发行货币所获得的收益或利润，通常是指所发行货币的成本与货币面值之差。比如，发行一张100美元的现钞，印制成本只需要2美分，其余的99.98美元即为铸币税，也就是说，货币发行主体只需要花费2美分印制好一张100美元面值的现钞，就可以换取价值100美元的商品。在电子货币时代，连印制纸币的成本都省下来了。铸币税是一种庞大的收益。美国平均每年能获得约250亿美元的铸币税收益，自第二次世界大战以来累计收益在2万亿美元左右。

美元印制过程

美国获取的收益并不仅限于此。在美国之外做“体外循环”的这部分美元，其基础货币量是美国通过国外购买或投资输出的，这部分美元虽然是美国的负债，但由于经济交易、结算和支付所需，其他国家一直并不行使对它的要求权，所以这部分美元相当于给美国提供了一笔无息贷款，贷款额就是在美国之外做“体外循环”的美元基础货币量。2003年，美元在国外流通的基础货币总量约为4 319亿美元，美国当年由此节约的利息支出达到216亿美元（利率设定为5%）。此项好处得到了美国官方的认可，例如，美国联邦储备委员会曾认为，在国外流通的3 000多亿美元就像是提供给美国政府的一笔无息贷款，美国每年因此可以节约150亿～200亿美元的费用。因此，为了满足全世界对美元现钞的需要，美国建立了从布宜诺斯艾利斯到法兰克福、伦敦、苏黎世，再到中国香港、新加坡的全球美钞配送中心。

欧元对美国构成威胁的第三大原因是通货膨胀税。如果货币发行主体出于弥补财政赤字、金融救助等原因不断增发纸币，就会降低人们手中所持货币的购买力，这相当于悄悄对货币持有人征收了一种隐性税收，所以被称为“通货膨胀税”。美元的强势地位意味着，美国可以对全世界征收通货膨胀税。通货膨胀税是对储备货币的最大价值回报，通货膨胀税的基础是货币的全部现货。换言之，美联储可以创造美元而没有任何价值支持，因为美联储有发行美元的权利。

通货膨胀

假定美国长期通货膨胀目标是2%，每个公民除了缴纳联邦税和各州税以外，美联储有权对其公民所持有的每1美元征收2%的持币税，这和强盗没什么两样。假定美国流通领域的M2（广义货币供应量）是9.8万亿美元，2%的通货膨胀意味着美联储每年可以凭空发行1 960亿美元，既没有任何真金白银的支持，也不需要创造商品、服务等任何经济价值。

欧元对美国构成威胁的第四大原因是外汇储备。外汇储备是指一国政府所持有的国际储备资产中的外汇部分，即一国政府保有的以外币表示的债权，是一个国家货币当局持有并可以随时兑换外国货币的资产。

对美国而言，其他国家或经济体储备的美元越多，美国收益越大。

但是，欧元问世后，美国近乎独享（日元、英镑和瑞士法郎所占比例非常小，不足以对美国构成威胁）由此衍生出来的各种收益的垄断地位被打破。

1995—2001 年，美元在国际储备中的比重从 59.02% 升至 72.69%，而后在 2001 年后逐步降至 62.48%，欧元则从 8.54% 大幅升至 26.99%，日元从 6.78% 降至 3.41%，英镑从 2.12% 升至 4.74%，瑞士法郎一直在 0.2% 左右徘徊，包括人民币在内的其他货币则从 4.78% 降至 2.21%。其次，全球外汇储备的币种结构也发生了较大的变化，2001—2008 年，美元比重逐步下降，欧元比重缓慢上升，英镑比重显著上升，日元比重明显下降。一些研究者断言："欧元取代美元，英镑取代日元，是一个长期的趋势。"

中国外汇储备面临威胁

近年来，中国基本处于全球最大外汇储备国的地位，成为最直接的被掠夺者。截至 2013 年 3 月末，国家外汇储备余额为 3.4 万亿美元。其中，大约 2/3 是美元。我们知道，美元自 2001 年进入此轮贬值周期，而在这一过程中，中国的外汇储备持续增加，这就意味着中国白白替美国交了大量通货膨胀税。

与中国的损失对应的就是美国的收益。当欧元也成为储备货币时，它必然从美国手中切分一份蛋糕，当前，欧元在各国国际储备中所占的份额从 8.54% 大幅升至 26.99%，蚕食掉的基本上是美元的份额，这对美国来说，显然是不能容忍的。

欧元对美国构成威胁的第五大原因，也是极其重要的一个原因，是债券资源的争夺，以及对债务的自由稀释便利。债券资源的争夺为何如此重要呢？不妨用一个具体例子加以说明。中国老百姓生产的产品，以100美元的标价卖给了美国，美国印100美元钞票给中国，美国获取了99.98美元的铸币税。而后，美国再把中国这100美元借走，继续购买中国的商品，或者在美国国内做投资，获取远远高于其所付利息的收益。同时，美国通过增发货币，把欠中国这100美元的购买力给稀释掉，假如稀释50%，就意味着，美国偿还50美元外加利息就行了。通过这种游戏，美国的经济对中国构成了一种掠夺性的平衡——美国以转移中国人财富的方式，实现了自己经济发展的平衡。

众所周知，美国是世界经济增长的引擎，其中扮演着最重要角色的就是美国的消费，其私人消费在GDP中的占比超过70%。假如美国人消费动力下降，美国经济的增速就会下降，要维持这种动力，就要靠举债。因此，美国属于债务依赖性国家。

问题在于，欧洲也在逐渐变成债务依赖性国家。由于老龄化、经济增长缓慢等因素，导致创造的财富无法维持高福利，需要向外举债维持这种日益危险且日益艰难的恐怖平衡。

1999年1月，随着欧洲货币区的启动，欧洲政府债券市场在发行规模和发行数量上成为世界上最大的政府债券市场。截至2005年6月，欧元区政府债券市场几乎是美国政府债券市场的两倍——3.4万亿欧元对1.8万亿欧元。

美国与欧元国抢夺“举债”资源，从本质上看，是要维持一种恐怖的平衡，这种平衡所蕴含的巨大风险，则是由全世界承担的。美元、欧元作为世界上位居前两位的两大货币，存在着不共戴天的竞争关系。这意味着，美国必然“帮助”欧洲引爆危机，通过把欧洲置于危机的旋涡，削弱欧元的影响力，强化美元的地位。美国的战略思路就是：在不能比竞争对手做得更好的情况下，让对手做得比自己更差也是一个不错的选择。

专栏

欧元害了萨达姆

伊拉克总统萨达姆·侯赛因

1991年海湾战争结束后，在欧洲国家的斡旋下，联合国逐步减轻对伊拉克的经济制裁。为了打击美国并回报欧洲，2000年11月，伊拉克央行宣布以欧元替换美元作为外贸结算货币，并把100亿美元外汇换为欧元。2000年12月24日，伊拉克副总理兼财政部长阿扎维宣布，美国对伊拉克采取敌视的立场，因此伊政府决定自2002年初开始正式以欧元替换美元作为外贸结算货币。为彻底废除美元作为外贸结算货币，伊拉克政府要求其国有企业和私营企业按照规定，使用欧元进行贸易结算。由于从2001年中期开始美元对欧元持续贬值，萨达姆此举使伊拉克从中获取丰厚的利润。

随后，很多欧佩克国家也纷纷响应，准备向欧盟出售石油换回欧元，而不是换回美元。这触动了美国的国家核心利益。世界石油价格主要由期货价格决定，也就是说，石油期货价格决定了石油现货价格。国际石油期货市场主要有美国的WTI（西得克萨斯中质原油）和英国的布伦特两种期货商品。美国法律规定，WTI石油的现货交割只能在美国本土进行，但它却是全球石油定价的基准。所有其他地区的石油价格都在WTI石油期货价格上进行一个差额增减得到。从战略上来讲，美国需要通过WTI机制掌控全球石油定价权来打击竞争对手，维持美元世界货币的地位和美元霸权的利益。

中东地区是世界上石油储量最大、生产和输出石油最多的地区。美国战略家布热津斯基曾给出了美国在这一地区的战略目标：“美国的首要利益是帮助确保没有任何一个大国单独控制这一战略空间，保证全世界都能不受阻拦地在财政上和经济上进入该地区。只有在一个油气管道和交通运输网络通过地中海和阿拉伯海以及陆地把这个地区直接与世界经济活动的主要中心连接起来的时候，地缘政治的多元化才能变成一个持久的现实。”

如果所有欧佩克国家的石油交易均采用欧元结算，美国霸权地位将一去不复返。2002年，外国人持有的美国企业债券的46%、股票的11%、总资产的23%都将抽逃，美元将贬值30%以上，美国天文数字的经常项目逆差无法用资本项目顺差来平衡，政府财政将陷入困境，高额军费将无人买单。因此，控制中东石油是美国保证其石油美元体制不受到威胁与挑战而必然采取的政策。

从欧盟的角度出发，当然希望在欧洲使用欧元代替美元进行石油买卖。这样不但可以有效地降低货币风险，而且可以刺激对欧元的需求，促进欧元升值。另外，由于石油在世界贸易中的重要性，在石油贸易中采用欧元能增强全球范围内对欧元的认可。欧佩克和欧盟之间又有很强的贸易关系。欧佩克成员国有超过45%的商品进口来自欧元区，而欧佩克成员国是欧洲原油和原油产品的主要提供者。欧盟国家60%以上的能源都需要进口，除英国北海有石油储备之外，欧盟国家的石油进口依赖率高达80%～90%，其中德国最高，达98%。对高度依赖进口石油的欧盟国家来说，油价的任何风吹草动都会严重影响本国的经济增长。欧洲中央银行为了稳定货币，规定欧元区的通货膨胀率不能超过3%。进口能源在欧洲国家的经济中占有很大比重，如果因国际石油供应短缺而造成国际油价上涨，欧元区的通货膨胀率必然难以控制，欧洲中央银行如果为了稳定货币而采取紧缩措施，就会进一步窒息欧洲经济。

据测算，国际油价每桶上升10美元，欧元区通胀率第一年上升0.5%，第二年将上升0.7%，同时GDP下降0.3%。由于欧元区只有共同的货币政策而没有共同的财政政策，而欧元要保持稳定就必须限制成员国财政赤字水平，欧元区国家经济衰退时，维持财政赤字水平就会非常困难。通过调控国际油价的方法，美国可以恶化欧元区国家财政，最终遏止欧元锐不可挡的发展势头。

由于欧元区地理位置毗邻中东，能源严重依赖外部供应，对中东石油依赖度高达40%，伊拉克战争对欧元区的影响程度更为显著。欧盟主要国家都有超过90天的战略储备油。美国必须在伊拉克打一场超过90天的战争才能耗尽欧洲战略储备油，进而动摇欧元和欧洲经济的根基。如果一切顺利，欧洲金融市场上的资金就会由于恐慌大规模向美国流动，德、法等欧洲主要国家将会掀起金融风暴。这便是法、德等欧洲国家反对美国对伊开战的原因之一。

在欧洲，只有英国才能在战争中获利。时任首相布莱尔的内阁曾与英国石油公司（BP）密商利用伊拉克石油资源。文件显示，英国前首相布莱尔的内阁官员与该国石油企业曾就伊拉克石油举行会议，时任贸易投资部部长西蒙斯告诉英国石油公司，作为英国支持美军入侵伊拉克的报酬之一，英国油企应分得伊拉克蕴藏的巨大石油及天然气储备资源。这场秘密会议在2002年11月举行，即伊拉克战争爆发前5个月。英国石油公司等跨国油企其后购得数百亿桶的伊拉克石油，每年从中赚得数十亿英镑。

2003年，英美联军绕开联合国，悍然入侵伊拉克，彻底摧毁萨达姆政权，战争再次稳固了美国金融寡头控制的国际石油定价权和美元结算体系。从一定意义上说，伊拉克战争不仅是对萨达姆政权冲击石油美元体制的报复，也是为了遏制欧元充当国际石油贸易的主要货币，稳固石油美元体制作为全球交易媒介的垄断地位和美元的国际货币基础地位。

二、迪拜危机：美国杀鸡给猴看

美国的突破口是中东阿联酋的迪拜。阿联酋由7个酋长国组成，其中第二大酋长国是迪拜酋长国。迪拜世界是迪拜政府的一家旗舰公司，它借了大量的债务在国内外开展了一系列雄心勃勃的房地产项目。当信贷市场开始冻结时，房地产价格开始下跌，迪拜陷入了流动性危机。迪拜近来已有迹象显示财政不稳。迪拜的房价，即便是非常好的地段，也下跌了一半。2009 年 11 月 25 日，迪拜财政部宣布，由政府持有的迪拜世界公司（其金融顾问是罗斯柴尔德公司）及旗下的房地产分支棕榈岛集团将推迟偿付 590 亿美元的债务最少 6 个月，以便进行债务重组。棕榈岛集团的 35 亿美元债务也延期偿付。

迪拜正在兴建的迪拜塔

迪拜地处沙漠，仅有的石油资源只占该地经济总量的 5%。实际上，迪拜以金融和房地产为支柱产业。石油美元和国际金融资本的涌入，在近些年支撑着迪拜房价的迅猛上涨。迪拜世界也是一家靠债务高杠杆运营的企业，虽然其各类资产超过 900 亿美元，但其中很多都为流动性很差的不动产，而其欠债规模就达到了 590 亿美元。因此，债务经济与房地产泡沫是导致迪拜危机的根本原因。

迪拜危机重创的是欧洲金融机构。迪拜债务超过一半的债权由欧洲银行持有，欧洲银行在迪拜的风险敞口可能高达 400 亿美元。与迪拜世界相关的风险敞口约 130 亿欧元，相当于 196 亿美元，可能对这些银行产生总计约 50 亿欧元的冲击。企业贷款需要向银行缴纳保证金，除去保证金的实际贷款额度为敞口额度，而风险敞口则是指因债务人违约行为导致的可能承受风险的信贷余额。在欧洲大型银行中，经常充当迪拜债券和贷款交易账簿管理银行或参与交易的银行包括英国巴克莱银行、德意志银行、苏格兰皇家银行、巴黎银行、法国法巴银行、法国 Natixis 银行、法国东方汇理银行、法国兴业银行、荷兰国际集团、劳埃德银行集团、渣打银行和汇丰银行等。

因此，迪拜债务危机的影响首先反映在欧洲市场，投资者的担忧情绪将伦敦、法兰克福和巴黎市场大幅推低。穆迪投资和标准普尔都大幅下调了众多迪拜政府相关实体的债务评级。2009 年 11 月 26 日当天，欧洲股市遭遇重挫，各国跌幅普遍超过 3% 以上。英国金融时报 100 指数下跌 3%，德国和法国市场则分别下跌 3.3% 和 3.4%。美国市场因感恩节休市。金融类股成为重灾区，行业分类指数下跌 5.3%。

此外，美国制造危机的另一个原因是切断伊朗与欧洲的联系。2006 年 9 月，美国宣布对伊朗执行全面的金融制裁，严禁本国金融机构与伊朗之间有任何业务往来，同时向欧洲施压，要求欧洲金融机构与美国保持一致。迪拜是阿联酋 7 个酋长国中唯一一个与伊朗一样由什叶派穆斯林统治的酋长国，它与伊朗之间因信仰相同而有着千丝万缕的紧密联系。在迪拜投资的伊朗资金高达 3 000 亿美元。2007 年，阿联酋与伊朗之间的双边贸易额高达 150 亿美元，几乎不生产什么产品的迪拜竟然成了伊朗最大的进口国之一。这是因为在美国的压力下，伊朗与欧洲之间的金融联系与贸易往来均以迪拜为纽带，比如，大量伊朗商人在迪拜注册公司，再以迪拜公司的名义进口德国的机器设备，先运到迪拜，再转运到伊朗。这样便可以避开美国的经济封锁。因此，迪拜危机不仅沉重打击了欧洲金融机构，掀起欧债危机狂澜，还间接打击了伊朗。

三、高盛做局：希腊中枪

迪拜债务危机很快就影响到欧元区最为薄弱的一环，即希腊。希腊于 2001 年加入欧元区。根据 1993 年生效的《马斯特里赫特条约》和 1997 年生效的《稳定与增长公约》，从 1994 年起，欧盟各成员国的财政赤字占 GDP 的比重（即赤字率）不能超过 3%，政府债务占 GDP 的比重（即债务率）不能超过 60%。

希腊经济主要靠旅游服务业支撑，经济发展水平较低，国家综合实力与竞争力较弱。希腊产业结构以服务业所占比重最高，约为60%；工业次之，约为25% ~27%；农业产值约占国内生产总值的12%左右。该国长期贸易逆差，资金外流，举债度日。2000年年初，希腊是欧洲通胀率最高的国家之一，其公共债务比欧元区规定的多出2倍。以该国的经济状况与财政条件，希腊根本不能加入欧元区。欧盟显然放宽了希腊加入欧元区的条件。欧元区国家感受到美国华尔街的巨大威胁，希望能够抱团取暖，于是对希腊这样不符合要求的国家也网开一面，但这却给美国对欧洲的渗透与瓦解提供了可乘之机。希腊求助美国的高盛银行利用欧盟财政规定上的漏洞，对政府财政状况进行了粉饰来掩盖其虚弱的财政状况。高盛为希腊设计了一套货币互换交易，帮助希腊顺利加入欧元区。

高盛总部大楼

数年之后的2009年10月4日，希腊新一届政府突然宣布2009年政府财政赤字占GDP的比例预计为12.7%，远高于前任政府宣布的

6.7%，公共债务占 GDP 的比例为 113%。这一数字大大突破了《稳定与增长公约》规定的 3% 和 60% 的上限。其实希腊经济一直以来都是依靠“借新债换旧债”来维持，从未达到过欧元区成员国的财政约束要求，但无论是欧盟还是国际评级机构都未对希腊的主权债务等级做出反应。直到 2009 年 12 月，希腊政府公布年度财政赤字占 GDP 的比例为 12.4% 时，全球三大评级机构才选择恰当的时间开始下调希腊主权债务评级，从而拉开了欧元区债务危机的序幕。

希腊早在金融危机之前的 2006 年，政府债务与 GDP 之比就已经达到极其危险的 97.8%。显然，高盛公司埋下的是一种木马程序，这一程序要在最为有效地打击欧元之时才能启动。2009 年 12 月 8 日，惠誉将希腊信贷评级由 A－下调至 BBB＋，前景展望为负面。12 月 16 日晚，标准普尔宣布，将希腊的长期主权信贷评级下调一档，从 A－降为 BBB＋。标普同时警告说，如果希腊政府无法在短期内改善财政状况，有可能进一步降低希腊的主权信用评级。12 月 22 日，穆迪将希腊主权评级从 A1 下调到 A2，评级展望为负面。

随着主权信用评级被降低，希腊利用国际市场进行融资的成本大幅攀升。政府债券一般都被视为安全系数最高的投资之一，因此利率不高，并且被一些国家的主权投资基金、养老金和银行、保险公司等金融机构作为资产配置的一部分大量持有。但是，希腊的国债即政府债券的利率也开始显著上升。2010 年初发行的国债利率高达 6.25%，2010 年 3 月发行的国债利率上涨到 8%，是德国国债利率的 2 倍多。这使希腊债务再融资成本大大提高，从而给本来就很脆弱的财政资金造成更大的偿债压力。国债利率作为债券市场利率的基准，如果大幅飙升，银行和企业的融资成本也会相应上升，从而给实体经济造成强烈的紧缩效应，反过来侵蚀政府的财政和税收来源，最终形成一个恶性循环。

为了借债，希腊政府不得不实施紧缩政策，意味着国内工作机会的减少，税收的增加让经济出现更大幅度的下滑，但是希腊又必须保持较高的经济增长率才能保证偿还巨额外债，进而陷入两难境地。

数万名希腊人走上街头表达对政府紧缩措施的不满

希腊债务危机爆发之后，美国开始全面沽空欧元，首当其冲是对冲基金轮番做空欧元，其次是投资银行的双重角色，从希腊主权债务危机的遮掩者；摇身一变成了沽空欧元的助推者。高盛、美林等大型投行推出“沽空欧元型”结构型金融衍生工具。欧元汇率大幅下跌，仅从 2009 年 12 月 1 日到 2010 年 2 月 5 日，欧元兑美元便已贬值 9.38%。

欧洲爆发债务危机却是美国经济发展的良机。自希腊债务危机爆发以来，2010 年 3 月流入美国的中长期债券及股票的总资金数额达 1405 亿美元。据统计，欧元区债务危机将会给美国带来 2% 的经济增长率。

2010 年 5 月，希腊获得了来自欧盟、欧洲中央银行与国际货币基金组织的 1100 亿欧元贷款，但这笔贷款的条件颇为苛刻：贷款利率高达 5%，贷款期限仅为 3 年，且贷款在 3 年期间内分 13 次拨付，每次拨付前，欧盟、欧洲中央银行与国际货币基金组织均要检查希腊是否按照事先承诺实行了财政紧缩措施。2011 年 6 月 29 日，希腊国会以 155 票对 138 票通过了总额 280 亿欧元的财政紧缩方案。2011 年 6 月

30 日，希腊国会以 155 票对 136 票通过了财政紧缩实施细则与国有资产私有化方案。

希腊债务危机重创欧元

财政紧缩必然会恶化希腊的经济状况。因此，这笔贷款不仅难以改善、而且还将会恶化希腊的偿债能力。希腊的债务负担必定会变得越来越沉重。此外，为获得这笔贷款，希腊政府提出了雄心勃勃的削减财政赤字的方案。在本国竞争力没有得到改善的前提条件下，无论是通过增税还是削减支出来降低财政赤字，都会造成经济增长率下滑，从而进一步降低偿债能力与政府信用。实际情况的发展证明了这一点。2011 年第一季度，希腊 GDP 同比增速仅为 -4.8%。

然而，早已埋下希腊债务危机木马程序的美国高盛却赚得盘满钵溢。希腊前总理帕潘德里欧直言不讳地指出，对希腊的攻击是某些特殊利益集团出于政治和金融的目的对欧元区成员国的攻击，而希腊被视为这个环节中最为薄弱的一环，希腊被当作攻击目标，是国际市场上投机性力量对欧元的攻击。

四、欧债危机烽烟四起：欧元面临抉择

高盛公司在为希腊遮掩财政赤字的同时，还购买了德国 20 年期的 10 亿欧元信用违约互换（CDS）保险。信用违约互换，也称“信用违

约掉期”。信用违约互换是将参照资产的信用风险从信用保障买方转移给信用卖方的交易。信用保障的买方（即美国高盛）向愿意承担风险保护的保障卖方（即德国金融机构）在合同期限内支付一笔固定的费用；信用保障卖方在接受费用的同时，则承诺在合同期限内，当对应信用违约时，向信用保障的买方赔付违约的损失。这样，一旦希腊债务出现支付问题时，高盛便能由承保方即德国金融机构补足亏空。这让高盛成功规避了希腊债务违约所带来的风险。

由于德国是欧元区最大的经济实体，这必然将德国拴在希腊的债务链条上。一旦希腊政府出现支付危机导致高盛的投资无法收回，那么德国银行就要支付巨额的保费损失。而美国的高盛不仅能大发其利，还能将损失转嫁给欧元区领导国——德国的金融机构，从而打击欧元。

不可思议的是，制造欧元危机者却执掌着欧元区国家的财经大权。现任希腊总理帕帕季莫斯在1994—2002年担任希腊央行行长期间，负责与高盛的货币互换交易。当年，正是帕帕季莫斯与高盛密切合作，为希腊做假账，从而使希腊成为今天欧元危机中的第一张多米诺骨牌。而希腊总理帕帕季莫斯任命的主管希腊债务事务的官员佩德罗·克利斯多杜洛斯，曾经是高盛的交易员。现任欧洲中央银行行长马里奥·德拉吉在2002—2005年间是高盛欧洲分部副总裁，分管高盛欧洲的政府项目。德拉吉在高盛任职期间，正是高盛协助希腊掩盖债务加入欧元区、从而为欧元埋下定时炸弹的最关键时期。显而易见，高盛已经在欧洲安插了大量眼线来监视甚至控制欧元，而高盛代表的利益则是美国金融垄断寡头集团的利益，这个集团的利益在大多情况下与美国的国家利益几乎可以视为一体。

尽管希腊GDP仅占欧元区国家经济总量的2%，但小国希腊的债务危机却产生了米多诺骨牌效应，迅速向葡萄牙、意大利、西班牙蔓延。由于欧元区经济与金融一体化，欧洲银行在各成员国间快速扩张，并不断增持欧元区国家的债券，欧元区国家之间交叉持有国债非常普遍，债务网络密布，尤其是核心国德、法对边缘国家的债务持有。2010年，葡萄牙GDP为2 000亿欧元，外债4 000亿欧元，人均外债

希腊债务危机席卷欧元区

3.8081 万欧元，外债占 GDP 的 251%，政府债务占 GDP 的 106%，葡萄牙银行持有希腊债务 75 亿欧元，西班牙持有 1/3 葡萄牙债务。西班牙 GDP 为 7 000 亿欧元，外债 1.9 万亿欧元，人均外债 4.1366 万欧元，外债占 GDP 的 284%，政府债务占 GDP 的 67%，西班牙有大量外债来自德国与法国。意大利 GDP 为 1.2 万亿欧元，外债 2 万亿欧元，人均外债 3.2875 万欧元，外债占 GDP 的 163%，政府债务占 GDP 的 121%，法国持有大量意大利债券。

欧洲银行与欧元区国家之间的风险都捆绑在一起，形成了一荣俱荣、一损俱损的局面。如果希腊宣布违约，债务减值 50%，首当其冲的是葡萄牙，因为葡萄牙银行业持有的希腊债务相当于其核心资本的 36%。一旦葡萄牙银行业遭到冲击，葡萄牙偿债能力将迅速恶化，使葡萄牙违约的可能性大为提高。而西班牙银行则持有大量的葡萄牙债务，一旦葡萄牙宣布违约，西班牙银行将陷入危机。当西班牙面临违约时，法国和德国银行将被拖下水，而一旦意大利无法偿债，则德国、法国以及整个欧元区都将灰飞烟灭。

为避免危机恶化，导致灾难性后果发生，2012 年 5 月 10 日欧洲紧急出台总额达 7 500 亿欧元的救助机制，这是欧洲有史以来最大规模的救援行动。其中，4 400 亿欧元是欧元区政府承诺提供的贷款。为实施救援，欧元区政府成立一个为期 3 年的欧洲金融稳定机制，作为一

欧债危机愈演愈烈

个特殊目的机构，将发行债券筹资以帮助面临主权债危机的任何欧元区国家；600 亿欧元将由欧盟委员会依照《里斯本条约》从金融市场筹集；国际货币基金组织也将提供 2 500 亿欧元。

为避免国债价格下跌，到 2012 年 5 月 28 日，欧洲中央银行已购买近 400 亿欧元的欧元区债券，包括希腊、西班牙、葡萄牙、爱尔兰的政府债券，其中 250 亿为希腊主权债务。欧洲中央银行平均每个交易日购入约 30 亿欧元的债券，其中 20 亿欧元来自希腊。但希腊短期内并无好转的迹象，欧洲中央银行几乎是希腊主权债券的唯一买家。

在欧洲中央银行以人为的高价大规模购入希腊债券的过程中，德、法之间也进行着明争暗斗。欧洲中央银行行长是法国人特里谢，德国人指责他屈服于法国总统萨科齐的巨大压力，违背了欧洲中央银行长期以来不允许购买其成员国国债的规定。德国央行行长怀疑，法国银行打算利用这一机会，清理法国银行账面上 800 亿的希腊不良资产。

除购买问题国债外，欧洲中央银行在公开市场操作通过各种措施，如降低欧洲中央银行贷款的抵押标准，增加向货币市场的流动性注入。美国联邦储备局则宣布将重开与其他央行的换汇额度，以确保其他央行能获得充足的美元。

目前应该可以断定，希腊在未来两年的国债已经有钱偿还，不会违约，传染效应暂时得到控制，局面不会继续恶化下去。尽管欧洲主权债价格得到稳定，但由于对欧洲经济缺乏信心，投资者抛售欧元购买美元，导致欧元持续贬值。欧洲主权债务危机远未结束。

欧元面临抉择

五、塞浦路斯危机继续压制欧元

2013 年 3 月 21 日，在塞浦路斯的首都尼科西亚，塞浦路斯的第二大银行——大众银行的门口，成千上万的市民排起了长队，争相从银行提款，使得银行出现了可怕的挤兑。

事情的起因源于塞浦路斯政府的存款税风波，为了能够得到欧洲中央银行 100 亿欧元的援助以避免国家破产，塞浦路斯政府破天荒地提议向银行的储蓄户征收存款税，也就是对低于 10 万欧元的所有银行存款一次性征收 6.75% 的税收，对高于 10 万欧元的存款征收 9.9% 的税收。由此募集的 58 亿欧元税收将用于补充银行资本金，偿还债务，对储户来说，这无疑是掠夺，虽然最后这个提案被否决，取而代之的是资本管制，也就是每人的提现是有限额的，同时关闭了网上转账。大家一定认为政府疯了，明知这个提议是一个荒唐的提议，政府难道不明白吗？

在塞浦路斯首都尼科西亚，人们在塞浦路斯大众银行的
自动柜员机前排队。

塞浦路斯位于地中海的东部，处于欧洲与非洲的交界处，是一个 9 251 平方公里的岛国，人口 90 万左右，曾是英国的殖民地，直到 1960 年才正式宣布独立，不过至今南北分裂。旅游业是塞浦路斯的支柱产业，近年来大力发展金融业和高科技产业，以摆脱经济对旅游业的过分依赖。塞浦路斯于 2008 年加入欧元区，从此塞浦路斯的银行也迅速扩张到政府无法支持的地步，但是 2008 年的次贷危机给塞浦路斯的经济带来了巨大冲击，其整个经济结构即将崩溃。到 2012 年第三季度，塞浦路斯背负的债务占到其 GDP 的 127%，在欧元区，唯有希腊的这个比重（153%）比它更高一些。塞浦路斯处于一个特别糟糕的境地，因为其经济的相当一部分与邻国希腊密切相连，而希腊此刻也正在疲于应对自身的货币问题。更糟糕的是，塞浦路斯是希腊债券的主要持有国之一。因此，当 2012 年针对希腊的第二项救助方案获得通过时，即使希腊债券私人持有者接受 50% 以上的减记，它曾经导致塞浦路斯的预算出现了一个高达 45 亿欧元的窟窿。严峻的经济形势最终迫使塞浦路斯接受欧洲的救援协议，而这项救助方案有望减少塞浦路斯的债务，使其债务占 GDP 的比重重新降至 100% 以下。所以，聪明的政府虽然知道存款税的危害，但是为了避免国家破产，也不得不这样做。不过还好，塞浦路斯是一个民主国家，一个议案需要国会的批准，而国会成员作为塞浦路斯的居民，当然也不会将这个税加到自己的头上。

专栏

塞浦路斯救援协议为什么与冰岛、爱尔兰不同？

2008年，受美国金融危机波及，冰岛最大的三家银行运营出现困难，相继宣告破产并被冰岛政府收归国有，银行储户和债权人权益面临损失威胁。当年10月6日，冰岛政府通过一项紧急法案，宣布对国内储户提供无限额担保，但是对外国储户和债权人却不在担保之列，这使得国外特别是来自欧盟国家在冰岛银行的存款面临损失威胁，因此这招致欧盟成员国，特别是在冰岛银行储户较多的英国和荷兰的极大反对。最终，欧盟成员国以反对提供援助向冰岛政府施压，最终迫使冰岛与这些国家在存款权益保障问题上达成一致。

爱尔兰银行业出现问题后，爱尔兰政府也是宣布对问题银行进行国有化，但是与冰岛不同的是，问题银行的损失完全由政府承担，政府采用注资的方式对银行进行重组，以期挽救金融体系。为此，政府投入大量救援资金，然而，银行体系非但未能好转，却带来政府财政状况的急剧恶化，致使爱尔兰政府债务占GDP比例从2007年的25%上升到2010年的92%，最终迫使爱尔兰在2010年底接受“三驾马车”的国际救援。

为什么塞浦路斯没有仿效冰岛和爱尔兰呢？首先，塞浦路斯无法像爱尔兰那样以政府注资方式对银行体系进行救助。在金融危机之前的2007年，爱尔兰政府债务占GDP之比只有25%，即使到2008年危机爆发时，这一比例也只有45%左右。而塞浦路斯政府目前的财政状况已经岌岌可危，IMF预计2012年塞政府债务占GDP比例为87%，2013年预计将超过90%。在这种情况下，塞浦路斯只能选择国际救援或其他方式进行筹资。

冰岛破产引发大规模金融恐慌

其次，在某些情况下，塞浦路斯与冰岛的情形更为类似，但结果却与冰岛完全相反。在冰岛，如果要获得国际救援，冰岛必须对银行储户（尤其是国外储户）利益进行保障，而在塞浦路斯，如果要获得国际救援，必须要由银行储户承担相应救援成本①。为什么冰岛与塞浦路斯获得国际救援的前提完全不同呢？这主要是因为两国面临的国外储户不尽相同。在冰岛，其国外储户主要来自欧盟国家，而欧盟国家正是为冰岛提供国际救援的重要出资方，因此，如果来自欧盟储户的利益得不到保障，冰岛将很难获得救援贷款。与之极大不同，塞浦路斯的海外存款客户主要来自非欧盟国家（特别是俄罗斯），例如在塞浦路斯总计 1 086 亿欧元的存款中，来自欧盟外国家的比例占到近 30%，远超过欧盟其他国家在塞浦路斯的存款，然而这些国家在塞浦路斯的国际救援中几乎没有声音。因此，主要来自欧盟的救援贷款没有动力去保证来自非欧盟国家的储户利益。

① 在塞浦路斯的救援方案中，应对措施包括预先对所有少于或等于 10 万欧元的银行存款征收 6.75% 的一次性“稳定税”，而对所有超过 10 万欧元的银行存款征收 9.9% 的一次性“稳定税”，目标是通过“稳定税”筹集 58 亿欧元的财政资金。

2013 年 3 月 20 日，塞浦路斯议会以 36 票反对、19 票弃权、0 票同意否决了存款税提案，而对其实施救助的欧元集团也针锋相对地表示不收就不救。消息一出，欧元立马跌破临界点。下跌的欧元哄起美元，当日美元指数上涨 0.5%，收于 83 点之上。塞浦路斯事件可能成为欧元走势的重要拐点，欧元集团、欧央行的表现还是一如既往地展示出救助者的强硬。它们要求塞浦路斯必须实现税收额，否则就不救助。这样的要求很可能让塞浦路斯成为第一个退出欧元区的国家。尽管这是一个很小的欧洲国家，但交易员对风险的担忧还是很大的，“先卖出欧元，再问发生了什么。”交易员说，这是投资人的普遍行动。对欧元风险的担忧使得投资者选择逃离欧元，这必然带来欧元的下跌。同时，出于避险的需要，美元会成为被追逐的货币，美元的上涨已经在预期之中。

欧元集团和欧洲中央银行的强势曾经帮助过欧元的上涨，记得 2012 年 7 月，欧洲央行行长德拉吉救助欧元区计划的激昂表态，被称为“振臂一呼”，带领欧元上涨。正是这次讲话确立了欧元最近的一波上涨，自 1.20 点的地位一路攀升至 1.37。其间，美国财政悬崖问题的几轮纠结也帮助了欧元的上涨。只是，风水轮流转，这次出事的变成了欧元区，欧元集团和欧洲中央银行强势依旧，只是这次的强势把欧元彻底置于风险的漩涡。

第七章
美元贬值：搅动世界的金箍棒

美元的特殊作用，使得美元汇率的升与降已经不仅仅对美国经济造成深刻的影响，而且会对全球金融市场产生巨大的冲击。自人类进入21世纪以来，美元汇率持续下跌。这一方面是美国经济衰退的必然结果，而另一方面也是美国滥发货币的故意所为。美国政府这种为转嫁国内经济危机而毫不负责的做法，是引发世界各国经济动荡的最大祸源。“美元贬值”就像是孙悟空的金箍棒，将世界经济搅动得天翻地覆，让中、日和欧盟等国家为美国买单，让发展中国家吃尽苦头。

一、“庞氏国家”的敛财之道

2008年底，一场美国有史以来最大的金融欺诈案——“麦道夫骗局”败露，不啻给了日显颓唐的华尔街又一记响亮的耳光。此案中受害者的一个特点是，被骗的银行几乎全是外国的，没有一家美国银行。何以至此？

仅凭麦道夫的个人信誉显然是难以做到的。另外，近年来美国实体经济的“空心化”十分严重，实际上已没有多少实业领域可以吸纳外国投资，而且大量研究表明，美国的海外投资回报率远比外国对美投资的回报率要高。那么，为什么仍有一批批的外国资本前赴后继地奔向美国呢？

专栏

庞氏骗局与麦道夫骗局

所谓庞氏骗局，是指骗人向虚设的企业投资，以后来投资者的钱作为快速盈利付给最初投资者，以诱使更多人上当。其实质上是将后一轮投资者的投资作为投资收益支付给前一轮的投资者，依此类推，使卷入的人和资金越来越多。毕竟投资者和资金是有限的，当投资者和资金难以为继时，庞氏骗局必然骤然崩溃。

麦道夫骗局就是典型的庞氏骗局。伯纳德·麦道夫是美国华尔街的传奇人物，曾任纳斯达克股票市场公司董事会主席。多年来，他一直是华尔街最炙手可热的“投资专家”之一。他以高额资金回报为诱饵，吸引大量投资者不断注资，以新获得的收入偿付之前的投资利息，形成资金流。这个骗局维持多年，直到2008年次贷危机爆发，他面临高达70亿美元资金赎回压力，无法再撑下去，才向两个儿子，也是其公司高管坦白其实自己“一无所有”，一切“只是一个巨大的谎言”。麦道夫的儿子们当晚便告发了老爸，一场可能是美国历史上金额最大的欺诈案这才暴露在世人眼前。

伯纳德·麦道夫

原来，由于美元霸权的存在，各国不得不设法攒下一定数量的美元以保证贸易支付和金融稳定；这部分美元若想保值，多半只能直接或间接投向美国市场；而美国国内产业政策的限制又十分严格，这部分美元大多只能投向虚拟经济领域。如此一来，就形成了一个类似“庞氏骗局”的资金流动模式：无须相应的实体经济来创造利润，美国用新投资者的钱即可支付老投资者的利息，只要不断有新投资者加入，它的资金流就不会断裂。当大量外国美元流入美国资本市场而四处寻找可靠代理人的时候，有毒资产和各种骗局早已守株待兔地等在那里了。其中，履历显赫、“信誉良好”的麦道夫自然成了首选。因此从很大程度上说，正是一个庞大的“庞氏国家”，才造就了巨大的“麦道夫骗局”。

各国货币百花齐放，但只有美元能够一枝独秀——在全球货币储备中，它占到70%的份额；在国际贸易结算中，它占到68%的份额；外汇交易的80%、国际间银行业交易的90%是通过美元进行的；石油、矿石、粮食等战略商品都是以美元计价的；国际货币基金组织的全部贷款也都是以美元标价的……实际上，美国占全球商品和服务出口的比例只有11%，占全球进口的比例是13.8%，但这并不妨碍美元的身影充斥着整个世界。

美元独一无二的地位，为它的发行者带来了无尽好处，同时，也给其他国家设下不少圈套。

一是获得国际铸币税收益。在金属货币流通时代，铸币税是指造币者从铸造成色不足的金属货币中得到的额外收入。而对于纸币来说，国家强制流通的纸币面值有多少，就相当于政府征收了多少铸币税（印制纸币的微小费用可以忽略不计）。除此之外，还有银行基于各类商品交易中的支付需求开出的支票、汇票、银行券等，它们作为信用货币，也和现钞一样，在实际生活中扮演着货币的角色。在现代中央银行体制下，一国铸币税的总量就近似地等于该国中央银行投放的基础货币量。当美元成为国际公认的储备、支付和结算货币之后，美国就拥有了在全球范围内攫取铸币税的权力。美国在购买别国的商品、劳务或进行对外投资时，可以通过印发美元来支付。这部分美元就是由美联储投放出来而输往国外的基础货币量，是美国获得的最基本的国际铸币税。

二是利用国际收支的结构性失衡获取利差。凭着美元的优势地位，美国甚至能把贸易赤字这种别人眼中的困境，变成对自己大大有利的肥差——你们盈余，我赤字，这没关系，反正美元我永远掏得起；再说，你们千辛万苦赚到的美元也没什么好去处，还是放回我这里来比较保险。想拿盈余买我的资产？对不起，本国只有劣质资产可供出售，那些高新技术和能源等利润高、战略性强的行业我还留着自己用呢。欢迎你们购买美国国债，要不就存到美国的银行里拿点利息。于是，从1982年至今，美国始终保持着贸易逆差，而且是逐年扩大；同时资本和金融账户由于美元的回流而一路顺差。就这样，美国的资本无论是在国内还是在国外，都从事着最有利可图的行业，而别国的美元外汇只能获取微薄的利息。

专栏

国际收支

国际收支是指一个国家或者地区内居民（具有本国国籍或者满足其他居民条件的）与非居民（不具有本国国籍）之间发生的所有经济活动的货币价值之和。国际收支主要包括三个账户：经常账户、资本与金融账户以及官方结算账户。

其中，经常账户主要记录一国对外进出口商品、服务、收益以及援助的货币价值。如果我国存在经常账户盈余（正的数字），这意味着，与向外国人购买的进口商品相比，我国居民向外国人销售了更多的商品和服务。因此，我国居民拥有了可向外国人贷出的资金。

金融账户度量了现有的金融或实物资产在国家间的交易。例如，当一位富有的中国企业家在纽约购买了一套复式公寓时，这笔交易被记录为中国的资本流出和美国的资本流入。资本账户则主要由债务减免和当外国居民进入我国时的金融资产转移所构成。二者相加，构成了资本与金融账户。

官方结算账户主要代表的是国际储备的变动情况。前两个账户可以说是企业和个人的对外往来，官方结算账户则是政府和中央银行的对外往来，是从资本与金融账户中剔除一部分独立成为账户。

三是利用美元和美元资产贬值减轻外债。美国是一个超级债务大国。2005 年，美国经常项目逆差曾经达到 8 000 亿美元，超过其 GDP 的 6.3%，需要世界其他国家每天 25 亿美元的资金流入才能维持下去；2011 年美国净外债已经超过 8 万亿美元，相当于其 GDP 的 55%。从道理上讲，国外持有的债权都可以要求美国用等值的实物资源来兑现；还有，各国投入大笔美元吃进的次债金融衍生品等美元资产，也代表着一定的收益索取权。美国虽然没有摆明了要赖账，但实际上一直在耍些花样来减轻债务。

美联储放“水”，新兴市场面临美元贬值和资本泛滥双重冲击。

比如说，美元的贬值就有利于美国债务的减轻。道理很简单，美元的浓度被稀释了，购买力下降，国外债权人以各种方式持有的借条也会相应地缩水。从黄金的美元价格看，21 世纪初 1 盎司黄金尚不到

280 美元，随后逐年上涨，至今已突破 1 400 美元。此外，由于不少国家都用美元购置了美国的有价证券及其衍生品，所以这些金融资产的贬值也能达到类似的效果。

再比如说，炒高以美元进行交易的石油等大宗商品的国际市场价格，也有利于美国减轻债务，冲销贸易赤字。这些基础商品是各国生产和生活所必需的，非买不可；买的时候又必须以美元计价、以美元支付结算，非用美元不可。所以，石油、粮食、铁矿石等商品一涨价，就意味着外国持有的美元储备大幅缩水。

二、美国为追求美元霸权无所不施

在过去的二十多年里，美国连续在世界上三个不同的国家和地区进行了四场对外战争。人们不禁要问，美国为什么如此频繁地发动对外战争？这个问题不仅世界各国人民看不懂，恐怕连美国人民也雾里看花，摸不着头脑，因为四场战争开战的理由大都十分充分且冠冕堂皇，但谁又会把它与美元联系在一起呢？

从表面看，两次伊拉克战争都好像和石油有关，但其背后深层次的因素却与美元息息相关。在伊拉克战争之前，一桶石油大约要 38 美元，等到战争结束，接近 150 美元，一场战争下来就把石油价格打高了近 3 倍，可是美国却没有从伊拉克免费拉走一桶石油，本国普通老百姓还是和其他世人一样煎熬飙升的高油价。但问题是，由于全球石油交易与美元挂钩，油价飙升则意味着拉高了全球对美元的需求，当世界各国用大捆大捆的美元来购买石油时，除了产油国之外，最高兴的当属美国政府了。于是美国政府名正言顺地开动印钞机，以为世界各国提供流动性美元的名义印出更多的“绿纸”出来，由于美元每天以日新月异的速度在贬值，从而促使各国再次加入以实物换“绿纸”的游戏。美国可以毫无顾忌、明目张胆的成批成批地印刷美元，可以在全世界面前随心所欲地玩纸币转移实物财富的魔术，而不必冒着失信于世界各国的风险。

人们不禁要问，科索沃战争和美元有什么关系？科索沃地区既不盛产石油，也远离石油生产地。那么，美国为什么攻打科索沃，发动科索沃战争的真正意图何在？我们不妨追溯到1999年3月，当时科索沃地区正狼烟四起，耐人寻味的是，在此前两个月，欧洲大陆发生了“欧元正式启动”的重大事件，几乎半个欧洲大陆开始统一使用同一货币，欧元与美元的汇率当时是1:1.07。欧元作为一种全新的国际结算货币，加上欧盟强大的经济实力，一开始就对美元霸权构成了严重威胁和挑战。这对于习惯于傲视群雄、一览众山小的美元来讲，无疑是一记闷棍，严重动摇了美元霸权的根基。是可忍，孰不可忍。美国绝不容忍其他什么货币与美元平起平坐，即使是小兄弟的欧元也不行，必须果断出手，毫不手软，意欲除之而后快。等到科索沃战争还没有打完，人们便发现，深受战争创伤的，不仅是南联盟米洛舍维奇政权的倒台，关键还有欧元与美元汇率的倒挂，由1欧元兑换1.07美元，变为0.82美元兑换1欧元，欧元跌幅达30%。虽然西方人标榜民主国家之间不打仗，但美国在欧洲腹地进行狂轰滥炸，轰坏的是人们对欧元的信心，炸乱的是欧洲的投资环境，从而使刚刚诞生的欧元马上面临夭折的危险。因此，美国打科索沃战争是“项庄舞剑，意在‘欧元’”。

“9·11事件”对美元造成巨大冲击

我们再来看一下阿富汗战争，其开战时间可谓是耐人寻味，“9·11 事件”发生不到两个月，美国就急吼吼开战了，当时国内民心还惊魂未定，同时美国还没有做好战争的充分准备。那么，美国为什么这么快打响这场战争呢？答案是国内经济形势的迫切性。因为在“9·11”发生之后不久，全世界的投资人开始对美国所谓最安全的投资环境产生怀疑，有大量的资金陆续撤离美国，因此，在这种情况下，美国迫切需要一场战争来拉回全球投资人对美国安全的信心。同时，通过打坏别国或地区的投资环境，能把美元驱赶回美国。打一场战争也可以给世人看看，我美国仍然是最强大的，想打谁就打谁，也只有我美国具有强大的军事力量，来保证投资环境的安全。果不其然，当阿富汗战争打响之后，道琼斯指数在短期下探后很快回升，随着战况顺利进展，大量撤离的资金又陆续返回了美国。所以，阿富汗战争不是为了反恐，而是要打回全球资本对美国投资环境的信心。

美元泛滥世界

现如今，美国又以同样手腕对付叙利亚和伊朗。从表面看，是为了控制中东石油，控制了中东石油就控制了全球经济命脉，这样也就确保了美元霸权。不管是亚洲还是欧洲，也不管其他任何地方需要石油的国家，到时候都需要用美元来换，美元霸权地位无疑将进一步巩固。从更深层次来看，杀鸡骇猴，定点清除。美国对伊朗的严厉制裁并非因为核威胁，而关键是伊朗和叙利亚对美国的石油美元体系制造了麻烦，因为中东地区只有这些国家在石油贸易中不用美元结算，这样就导致美元在中东的地位受到威胁。因此，美国对伊朗的包围圈越收越紧，意在清除这个敢对美国霸权说不的中东国家。

三、国际金融危机：霸权美元收受的贺礼

美元如愿以偿地执掌国际货币霸权，诸多利益自不待言。那么，这又会为世界经济运行带来哪些后果，会对国际金融危机的产生和发展施加怎样的影响呢？

第一，美元霸权导致国际贸易和世界经济增长的失衡格局长期存在。

美国自 1968 年出现 12.87 亿美元的贸易逆差以来，赤字持续扩大；自 1976 年以 157 亿美元的贸易逆差超过英国之后，就一直是世界最大的贸易逆差国。进入 21 世纪以来，逆差进一步增大，2007 年达到 7 380 亿美元的历史高峰，近年来尽管有所下降，但这一数据基本保持在 5 000 亿美元左右。

在以金本位制为基础的国际货币体系中，由于存在一套自动调节机制，因此贸易失衡以及进一步的信用扩张是不可能长期持续的。可是，美元与黄金脱钩之后，只要贸易盈余国愿意继续以出口换美元，美国就可以利用这种纯粹的纸币为自己的赤字融资，贸易失衡就可以持续下去。美国用美元来换取国外廉价的原材料等初级产品和劳动密集型制成品，或者并购国外的战略性企业。廉价资源的输入替代了美国国内资源的使用，美国国内资源就会配置到更高赢利性的行业，并购国外的战略性行业也为美国带来丰厚利润。而别国换来的美元外汇，通过购买美国的中长期国债或存入美国银行，仅仅赚取微薄的利息。这样一来，美国经常账户的逆差通过资本与金融账户的顺差来弥补，美国不仅不用担心日益增长的贸易赤字，还获得了不菲的收益。因此，

美国所面临的国际经济失衡问题，其根源在于其自身的对外经济发展方式失当，尤其是美元的独特获利方式和独特流动机制难辞其咎。

第二，美元霸权导致全球信用扩张，诱发虚拟经济泡沫。

在美元本位制下，对美元的发行和流动都没有什么明确的制约机制，全球范围内的美元信用扩张渐成泛滥之势，虚拟经济脱离实体经济的现象越来越明显。正是这些信用泡沫的堆积，直接构成了“次贷危机”酝酿与爆发的基础。

对于美国的贸易伙伴们来说，巨额的长期贸易失衡意味着巨量的美元向世界各国持续输出。第二次世界大战后初期的1949年，全球的国际储备规模不到1 000亿美元，此后的20年间仅仅增长了55%；随着美元本位制的正式确立，国际储备的规模急剧扩张，到2007年达到了4.1万亿美元。与此同时，国际储备的构成也发生了决定性的变化，和1970年之前黄金占到70%相比，布雷顿森林体系彻底解体的1973年，黄金所占比重急剧下降至20%左右，此后一直呈降低趋势，至2007年底，占比已经不到1%。而以美元为主的纸币则占到了国际储备的99%以上。外汇储备是什么呢？它是中央银行通过发行本币，从企业和个人手上，按照当时的汇率“买”回来的外汇，外汇储备多，本币发行就多。为了保障国际贸易能顺畅地进行，许多外向型国家和地区实际上采用的是让本币钉住美元的汇率机制，这样一来，国内的货币发行就要随着美元储备的增加而同步增加。

贸易盈余国为了使所持有的美元保值，又不得不通过购买美国的国债、公司债等金融资产使之重新流回美国。庞大的海外美元流入，给美国经济扩张带来了充裕的资金，但同时也推高了资产价格，造成经济泡沫。比如说，2005年海外美元购买的美国政府支持型机构债券总额达到1 503亿美元，到2006年和2007年，更是分别高达2 285亿美元和1 894亿美元，这使房利美、房地美等政府支持型企业获得充足资金，盘活了房屋抵押贷款市场。在此背景下，美国房地产投资规模迅速扩大，房屋价格超乎寻常地走高，为次级贷款的大规模发放和次级债系列金融产品的火热出炉创造了前提条件。房屋的升值部分还可以再次进行抵押，申请消费信贷，促成了美国居民以资产价格上涨为后盾而非以收入为后盾的透支消费，助长了家庭负债的过度膨胀，使国民经济增长建立在异常脆弱的支柱之上。

美国政府和企业在向海外投资者出售国债、公司债或股票的同时会增加支出，而为这些支出提供产品的生产商收到支付款项后，把其中很大一部分存入银行；还有一些海外美元直接存入了美国的银行。这些行为都属于信用扩张，会增加美国银行体系的货币供给。由于货币供给充足，家庭消费借贷变得更加容易，银行放贷条件也越来越宽松。正常条件下，嫌贫爱富的银行会优先把钱借给高收入、低风险的富人，因此，低收入人群大规模地获得贷款这个事实本身就说明了信用的过度扩张，而信用的扩张则成为加速危机到来的有力杠杆。

第三，在美元霸权衰落进程中利用金融危机发动“货币战争”。

利用美元的特殊地位谋取特殊利益，这固然对美国十分有利，但是从长期看，它会对美国和世界的可持续发展造成极大伤害。在金融和经济危机的酝酿与演化过程中，美国政府和国际金融寡头为最大限度地实现本国及自身利益，会最大限度地利用它们对美国中央银行及全球金融体系的控制、利用它们手中的美元霸权，既转嫁损失和危机，又趁火打劫，竭力维护渐显衰落的霸权地位。这场看不到硝烟的“货币战争”，可以说是美元统治和美元霸权在资本主义经济危机时期的一种极致运用。

在这场“货币战争”中，美国首先取得的一项战绩是：使其他国家在美国金融市场的投资受到损失，削弱这些国家基于美元储备而发行的本国货币的币值基础，进而破坏这些国家的金融稳定乃至经济安全，强化美元对受损国货币的强势地位。随着美国金融海啸的惊涛拍岸，华尔街出产的金融衍生品大幅贬值，一批金融机构破产或被政府接管，让此前购买了大量相关产品的外国机构投资者叫苦不迭。美国作为世界最大的债务国，已将它的各类债权人深深拖入泥潭而无法自拔，成了危机的买单者。明明美国是危机漩涡的中心，但美元却没有像泰铢在泰国发生金融危机时那样身价一落千丈。欧元不但无法保持

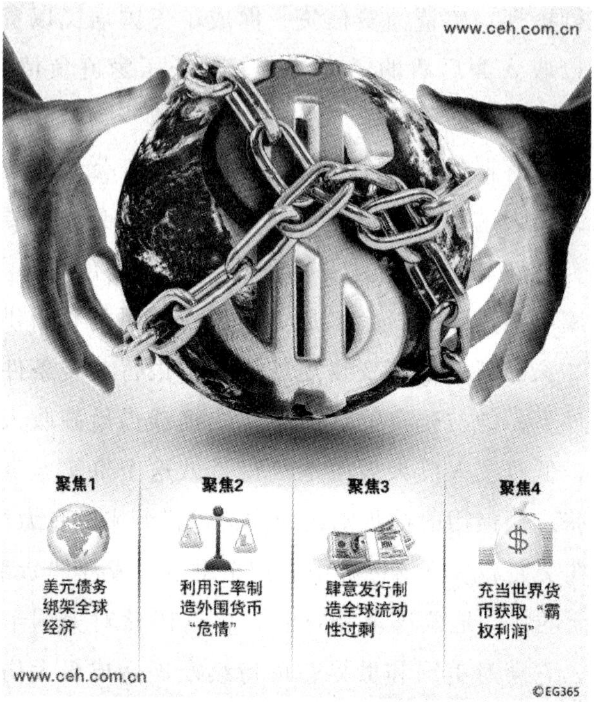

美元霸权的新特征

坚挺或赶超美元，形成取代的声势，反而在与美元的汇率上不断走下坡路。2008 年 10 月、11 月间正值次贷危机风大浪急，美联储以救市的名义投放大量美元，美元指数却达到了 2007 年以来的最高点，美元因成为大家争相追捧的“避险货币”而坚挺起来。当局势稍稍稳定下来，人们开始思索被满世界狂撒的美元到底值不值得捧得那么高、什么时候会摔下来，美国甚至反过来以此为要挟，让别国不敢轻举妄动，不敢轻易地抛售美元，以免自己口袋里的美元资产大幅贬值。

这场“货币战争”达到的第二个效果是：受到冲击的国家为了避免本国金融市场破产，不得不向国内市场注入大量流动性，并采取降息政策，因此致使本国货币贬值，也有助于挽救美元的颓势，使其得以恢复相对强势地位。与此形成鲜明对比的是，在贵金属作为世界货币的时代，发生危机的国家为了避免黄金的流出，往往要竞相提高利率。

第三个效果也很重要，这就是美国借机发行更多的美元，获取更多的铸币税收益。在正常情况下，发挥货币职能的主要是商业票据，在票据结算相互抵消后余下的零头差额才由货币来调剂。而一旦信用受到破坏，这些票据都要转化成货币时，货币就会严重不足。次贷危机的爆发，使投资者争相变现数十万亿美元的各类证券，这无疑会造成大规模的货币荒。在全球货币市场资金冻结的状况下，各国银行和金融机构急于在公开市场买进美元以应对流动性危机，美国则堂而皇之地进行海量增发。

美元有恃无恐地空手套白狼，在日积月累之中，不仅让美国的国际收支失衡越来越严重，也使得世界经济的长期结构失衡积重难返，不得不以一连串金融危机的方式向美元霸权献上“贺礼”。

我们又看到：在金融危机爆发后，美国力图自保，在财政政策、利率政策空间渐失的情形下再次启动“量化宽松”政策，不惜将全球经济推向“二次探底”的边缘。从2010年8月底到11月初，由于美国不断传递出即将推行“量化宽松”的信号，短短两个月时间美元贬值了9%，令别国持有的美元资产大幅缩水。同时，美国的“量化宽松”推高了石油、粮食等国际大宗商品的价格，给全球多数国家的通胀势头火上浇油。美国增发巨额美元还引起连锁反应，致使国际金融资本市场热钱泛滥，加剧了资产泡沫和金融市场动荡。

寄希望于美国收拾残局、解决美元制造的一大堆“麻烦”并不现实——越是害怕美元霸权就此衰落，美国就越会利用危机来加紧打击他人、巩固自己。各国要想打破美元霸权以及美国的金融霸权，恢复被颠倒了的国际金融和贸易体系，绝不能等靠恩赐，而必须付诸现实行动。

专栏

两个农场主的故事

农场主常先生只种橙子。农场主琼斯先生只种苹果。他们两个人都只生产产量最高的水果，然后交换彼此剩余的水果。这样，两人就都可以从比较优势和自由贸易中获益。常先生“出口”橙子的唯一原因就是为了“进口”苹果，反之亦然。

假设有一年农场主琼斯的苹果园遭遇了洪水，颗粒无收。这时，他不仅没有了水果可以出售，而且连吃饭都成了问题。于是，他便向常先生建议自己用“苹果欠条”来交换他的橙子。因为常先生无论如何也吃不完自己种的橙子，再加上琼斯先生的欠条还支付他10%的利息（当然是以苹果的形式），常先生便欣然接受了。

常先生之所以接受琼斯先生的请求，是因为琼斯承诺会偿还这些欠条。单就这些欠条自身而言，它们并不具备任何价值，常先生自然也不能拿它们当饭吃。只有在琼斯承诺支付额外的苹果时，这些欠条才具有价值。

在用苹果欠条交换真正的橙子时，琼斯实际上并没有为橙子支付任何东西。而真正的支付也只能是在一年之后，当琼斯用自己的苹果赎回先前所有的欠条时才能够实现。只有到了那个时候，欠条才能够退出，交易才能够完成。

现在让我们再假设第二年琼斯的苹果园又遭遇了飓风，同样颗粒无收。这次，他和农场主常先生又达成了和上次一样的协议：琼斯继续用苹果欠条交换常先生的橙子。这样，琼斯就得到了常先生更多的橙子，而常先生也就收到了琼斯更多的欠条。

再假设接下来的几年间连续发生自然灾害，琼斯的苹果园屡遭破坏，多年来一直颗粒无收。直到有一天，琼斯突然发现自己即便不劳动也能够衣食无忧。于是，他便决定将自己的苹果园改建成高尔夫球场。这样一来，他不仅可以享用常先生提供的橙子，而且还可以整天打高尔夫。换句话说，农场主琼斯先生现在经营的是服务经济。

相反，农场主常先生则一直在忙于经营他的果园，从没有机会到琼斯先生的高尔夫球场打球。事实上，由于长期以来一直收到琼斯的欠条，他甚至忘记了最初接受这些欠条的原因。现在，农场主琼斯的那些欠条便成了他唯一的财富。由于琼斯在当地社区享有很高的声誉，所以常先生便可以用琼斯的欠条与其他农场主进行商品交换。然而，也正是因为琼斯良好的声誉，人们忽视了这样一个事实，那就是他的苹果园已经改建成了高尔夫球场。所以，他的那些欠条现在已经变得一文不值了，因为琼斯根本没有能力用真正的苹果去赎回它们。

有人或许会说，现在整个社区都依赖琼斯和他那些毫无价值的欠条。这样一来，常先生和其他农场主就会无限期地使用下去，以避免承认他们先前所犯的错误。当然，一旦事实明了，那么任何持有琼斯欠条的人都会不得不承认他们的损失。如果他们就此放弃继续积累这些欠条，那么他们真正的财务状况就会好转，而绝不是恶化。就拿常先生来说，他将再次享有其全部的劳动成果。

真正的失败者，当然就是农场主琼斯了。由于没有了生产苹果的果园，又失去了购买橙子的信用能力，他就只好挨饿了。然而，要想把高尔夫球场重新改建成果园，要想重新积累农场知识，要想更换和购置农场设备，绝非朝夕之功，这需要很多年的时间才能够完成。

最后，农场主琼斯将不得不面临两个仅有的选择：一是把高尔夫球场转让给常先生，二是在常先生的果园中谋一份采摘橙子的工作。

正如有人所说的那样，当信用被滥用，美元就很容易堆出泡沫。当美国一次次运用美元贬值的战略武器时，美元的信用正在一步步丧失。越来越多的事实说明，这种想当然的认识可能是错误的，美元这些绿色纸片并不能代表可以兑现的财富。美国的贸易伙伴其实早已发现，它们已被绑架，这些国家正在努力摆脱这一局面。美元的霸权地位可能还会持续一段时间，但是时间已经不会太长了，因为从布雷顿森林体系算起，美国已经享受国际铸币权达60多年之久。

四、美元贬值使亚洲国家成为美国的“人质”

美元的贬值导致美元储备价值缩小，使持有美元资产的许多亚洲国家遭受损失，在解决美元缩水时陷于两难境地，使亚洲国家经济掉入通货膨胀、低增长和强势货币三重陷阱，从而最终使亚洲国家成为美国的“人质”。

美元汇率的持续走软，尤其是以美元计价的国际大宗商品价格不断创出新高，使人们对全球通胀和经济前景的担忧日益加重。对包括中国在内拥有大量美元储备资产的亚洲经济体来说，美元贬值使以美元为主要储备币种的国家的外汇储备已出现价值缩水。美国政府采取的放任美元贬值的政策已经使亚洲经济体成为美国的“人质”。

以美元计价的大宗商品价格不断创出新高

从表面上看，美元贬值后，美国对亚洲出口产品的购买力削弱。但从另一方面看，汇率的调整可刺激美国工业部门的反弹，使美国产品出口更具竞争力，从而创造更多的财富购买亚洲商品，并可引发资本流动的结构性转变，令投资人追捧区内回报率高的金融资产。

美联储前任主席格林斯潘曾预计，减持美国国债不会导致美元的迅速下跌，市场的智慧足以避免过度修正。但经济学家丁志杰表示，大量减持美元必然会打击投资者对美元的信心，会对美元汇率有一定影响，进而增加持有美元资产的经济体的损失。正因如此，拥有大量美元资产的亚洲国家已成为美国的“人质”，在妥善解决美元资产缩水的问题上面临着两难的境地。他认为，造成这种局面的罪魁祸首在于美国政府的美元政策。“正如美国一位财长所说的那样，美元是美国的，但美元问题是世界性的。出现这种局面，与美国在世界经济金融体系中的主导地位和美国政府放任美元贬值的不负责任的政策有关。从这个角度来说，中国要致力于世界经济秩序的建设是很重要的。”

美元贬值，中国外汇储备损失巨大

众所周知，美国推行弱势美元，是以牺牲别国尤其是亚洲国家的利益为代价的。据美国纽约储备银行估计，如果韩国和新加坡的货币升值10%，两国的资金损失占其国内生产总值的比例将分别高达3%和10%。另外，美国还想通过放任美元贬值来给中国施加压力，逼迫人民币升值。据估计，人民币升值10%，会使中国政府承受50亿美元的资本损失。假如中国的美国国债资产组合为3～5年期，那么美国利率上升2%会使中国再损失300亿美元到500亿美元。

根据新华网的报道，从2005年7月21日到2011年7月21日，中国内地实施3年汇改使人民币兑美元汇率累计升值幅度达25.67%，成为中国内地外汇储备最直接的贬值压力。根据中国人民银行的数据，截至2012年底，中国外汇储备余额为3.387万亿美元。由于其中绝大部分是美元资产，因此美元大幅贬值使外储损失巨大，根据业界的估计，中国外储八九成是美元资产，一个月就蒸发约300亿美元。

对于亚洲来说，美国的这种做法将会推动亚洲经济进入通货膨胀、低经济增长和强势货币的三重陷阱。亚洲经济体的制造业将会负担沉重。当美国继续推进其经济政策的时候，如果亚洲继续沉默，亚洲经济体将被“吸血”，增长率极低，通货膨胀居高不下，贸易盈余流向美国。

除此之外，美元贬值也影响了亚洲的出口。美国占亚洲出口总量的18%，是亚洲生产的最终产品的重要需求国，因此，美元贬值对亚洲出口产生了消极的影响。

以日本为例，2008年3月中旬，美元对日元汇率下滑到1美元兑换不足100日元，创过去12年的最低水平。美国是继中国之后日本的第二大贸易伙伴，日本2007年对美国的出口超过1 450亿美元。但是，随着美元的疲软，美国经济增长放慢，日美的贸易额呈下降趋势。据统计，2008年2月，日本对美国的出口同比下降了60%。

一些经济学家认为，鉴于美元疲软，亚洲国家将外汇储备投资多元化是有益的。即使美国经济进入衰退，中国等国家和地区的高速发展也会帮助维持亚洲的经济扩张。否则，亚洲国家将会因美元贬值彻底沦为美国的“人质”。

中国、俄罗斯、印度和巴西作为新兴经济体中的“金砖四国”，其经济发展态势曾经一度让世界各国刮目相看。然而，美元的大肆贬值也让这四国受到不同程度的影响，经济发展深受其害。

五、国际货币体系的未来

进入21世纪以来，随着全球政治经济格局的演变，世界经济正朝着多极化方向发展，美元霸权的传统根基正被逐步侵蚀。以美元霸权为基轴的国际货币体系根基已动摇，未来世界将是多种国际货币共存的多极化世界，这也预示着国际货币将迎来战国时代（见表7－1）。

表7－1　　全球外汇市场主要交易货币份额

货币	2001年	2004年	2007年	2010年
美元	90.3	88	85.6	84.9
欧元	37.9	37.4	37	39.1
日元	23.5	20.8	17.2	19
英镑	13	16.5	14.9	12.9
人民币	0	0.1	0.5	0.9

资料来源：国际清算银行（BIS）。

说明：每笔交易包括两种货币，每种货币占比份额合计为200%。

美元霸权衰落的大趋势不可避免。近几年来，由于美国经济持续疲软，贸易、财政双赤字一直存在并不断恶化，特别是消费者过度消费和借贷以及维持“国际警察”的巨大耗费，次贷危机的爆发，都使这些问题浮出水面。美国现在黔驴技穷、无力回天，“美元陷阱”危机四伏。有评论认为，次贷危机是第二次世界大战以来美国最严重的金融危机，是美元作为世界货币时代的终结。该观点或许有些偏颇，但建立在狭隘民族利益根基上的美元霸权确实存在极大脆弱性，确实难以维系全世界的金融和信用关系。这场危机，正悄然敲响一个货币帝国的时代晚钟。

美元地位的摇摇欲坠

也许有人会问，美元霸权现在会马上崩溃吗？其实，事情并不是这么简单。事实上，布雷顿森林体系解体以来，运行至今的一直是美元占主导地位的国际货币体系，美元现在仍然是国际货币的核心和领导，美元在新格局中的主导地位目前难以改变。同时，人们对美元的认同已根深蒂固，并被其他国家政府和居民广泛地用作支付、计价和贮藏手段，其他货币对其形成挑战之势并取而代之并非易事。另外，强势美元政策仍将是美国的长期国策，美元短期的低迷与波动不会动摇美元作为全世界最主要国际货币地位。美国总统奥巴马称美元仍坚挺，反对建立国际储备货币，认为时机尚不成熟。他相信国民会支持他，并授予他更大的权力用以救市，以等待更长远的成效。他在竞选连任时说，中国可以是朋友，但是要按规则来。其言外之意，就是要是不按我美国的规则来玩，就搞得你一刻不得安宁，颇有一种顺我者昌、逆我者亡的癫狂气势。虽然，世界经济版图正在发生急剧变化，但美元霸权弱化并不是绝对的，而是相对于其他新经济体国家崛起而言的，这仅仅意味着美元在全球范围内的支配地位在逐渐减弱。

“屋漏偏遭连阴雨”，美国与其战略盟友欧盟、日本也是同床异梦。由于欧盟的经济规模和其在世界贸易中所占份额均处于世界首位，欧元自问世以来就成为第二大国际货币，它凭借自己的实力挑战了美元霸权地位，并且欧元已成为重要结算货币已是不争的事实。但欧元作为国际货币仅仅是作为数量的加总，不具备统一合力，联盟内部缺乏协调机制，彼此之间钩心斗角和讨价还价，加上欧盟内部政治经济的不均衡，其最大问题是欧元没有主权国家体系做支撑，其这些先天缺陷难以弥补，这次欧洲主权债务危机让欧元变得灰头土脸。综合来看，欧元尚不至于走向崩溃，欧元仍将作为主要的国际储备货币在国际货币体系中发挥重要作用。目前来看，尽管欧元对美元霸权地位构成一定威胁，但不会对其产生致命冲击，美元在国际货币体系中的地位不会出现颠覆性变化。

日本作为全球第三大经济体，自日本泡沫经济破灭后遭遇“失去的二十年”，至今都未恢复元气。尽管日元在与美元抗衡的过程中展现出一定优势，但日元国际化同样不可避免经历坎坷，面临困境。比如，首先得过“亚洲关”，即如何处理好与亚洲国家的关系，否则想在亚洲建立日元集团，也只能是一厢情愿。如何正视侵略历史、抹平全亚洲伤痛、解决军事力量猛增以及国家右倾化现象，所有这些因素都是日元国际化绕不过去的坎。

随着中国经济的崛起和综合国力提升，人民币开始推进其国际化进程。客观地讲，中国迅速发展确实促进了人民币在国际上的地位，但要想真正成为全球通用的国际货币，绝不仅仅是成为强大的经济体那么简单，它并非简单地取决于中国 GDP 总量在全球的排名，在很大程度上还取决于国家的政治、经济和外交等综合实力。当然，实现人民币国际化还面临着很大的障碍，如经济实力不够强大、经济结构不合理、人民币在资本项目下不能自由兑换、金融体系不够完善、网络狭小，而且还面临一定的文化及政治障碍等。同时，人民币国际化要走周边化、区域化和国际化历程，目前境外人民币大约是人民币总量的1%，这说明人民币国际化刚处于朦胧发展阶段。在某种意义上说，人民币国际化并不是一个简单的过程，它不是政府的选择，而是市场的选择，中国经济规模发展到一定程度，人民币自然获得一定地位，这是水到渠成的事。这也表明，人民币要成为国际上普遍认可的计价、结算及储备货币，还有很长的路要走。

总而言之，近期尽管欧元、日元对美元构成一定威胁，亚洲货币发展势头不容小视，但是综观全局，美元还尚未遇到真正可以与之抗衡的对手，其劣势只会造成美元主宰空间缩小，并不至于撼动其作为全球性货币的根基，国际货币体系将逐步形成以美元为主、其他货币为辅的“一主多元”格局，美元将依然是世界的核心货币；中期来看，随着世界各国经济的快速发展以及国际分工的日益明确，国际货币体系可能会形成不同的货币圈，除美元外，如欧洲的“欧元圈”、亚洲的“亚元圈”等主要经济圈，届时将主要以美元、欧元、人民币等货币为主，多元化国际货币体系开始凸显；长期来看，美元的衰弱、欧元和亚元的成长壮大，不是以美国单方面的意志为转移的，未来的国际货币格局将呈现出美元、欧元、亚元三足鼎立的态势。虽然在这种格局中美元仍处于优势地位，但由美元霸权单一主导的国际货币格局已经渐行渐远，人类社会必将迎来多元国际货币体系时代。

第八章
人民币汇率问题政治化不可避免

近年来，中国的经济发展在世界上一枝独秀，特别是面对世界性的金融危机，中国经济仍旧充满着巨大的活力，发展势头锐不可当。中国经济发展的这种态势，让以美国为首的西方国家既羡慕，又妒忌。它们一方面从中国经济的蓬勃发展中获益；另一方面，又将国内的困境归罪于中国，试图向中国转嫁危机。以美国为首的西方国家其贸易保护主义甚嚣尘上，为了打击中国，挑起了一场“汇率战争”。一时间，硝烟弥漫，虽不见血腥的拼杀，但却是处处刀光剑影。这场汇率之战到底因何而起，孰是孰非？美国为什么要将汇率战火引向中国？强压中国政府让人民币升值的背后，究竟隐藏着美国什么样的祸心和阴谋？人民币升值究竟给中国经济和百姓生活带来哪些重大影响？中国政府为此采取了哪些行动？谁会是这场汇率之战的最大赢家？这场汇率之战将引导中美两国的经济和政治博弈在未来向何处发展……

一、中美汇率战争的真正目的

中美汇率之战搅动着世界的神经。其实，中美两国关于汇率问题的分歧早已存在。早在几年前，美国就多次纠集一些西方国家强压中国实行自由浮动汇率，在中国政府有理、有利、有节的反击下，美国虽然没有消除霸权主义的偏见，但也并未使矛盾激化，使争议升格。然而，金融危机使美国经济遭受了重创，为了转嫁危机，美国政府再次把矛头指向中国。从中国农历虎年2010年的第一天起，美国就再次发难，挑起事端，强压中国让人民币大幅升值，否则将以贸易制裁相报复。中国随后被迫应战，并郑重声明：中国绝不屈服任何外来压力，人民币汇率不容他人干涉。从此，“汇率战争”，这个字眼便频繁地出现在人们的视线中。中美双方态度强硬，你来我往频繁交涉，互不相让频繁磋商，使得这场汇率战争的战火延续不断。一时间，世界各国有的隔岸观火，幸灾乐祸；有的暗中鼓噪，为虎作伥；有的忐忑不安，居中调停。几乎所有国家都把关注的目光聚集于这场“东方龙”与“美洲虎”之间的中美汇率战争上。

2010年，中美两国经历了几个回合的交手，两国领导人几次紧张的磋商之后，暂时罢兵休战。但在中美两国的政治博弈中，汇率问题已经引起了重视，中美汇率战争还远没有结束。美国为何将汇率战火引向中国呢？众所周知，几年前，美国因国内次贷危机，令世界各国都卷入了一场破坏全球经济稳定和金融秩序的金融危机之中。此时，不思己过的美国反而把责任推给他国，认为全球金融危机是中国等新兴市场国家造成的世界贸易不平衡所导致的。在金融危机风潮渐息之后，为了刺激美国国内经济和消费市场，美国又开足马力滥发美元，并实行美元报复性贬值。紧接着，美国把矛头指向中国，鼓动一些国家以汇率为武器打压中国，从而实现其利益最大化与不可告人的政治企图和目的。

美国高举“货币战争”的大旗恐吓全世界

利用这种“杀人不见血”、“无硝烟”的汇率战争手段，剥夺他国财富，从而无形中大量减少美国债务，是美国一贯的霸道行径。在近几十年中，美国曾多次使用，给日本、巴西、墨西哥等很多国家带来经济困难和金融灾难。按照美国的预想，通过力压人民币升值，加速国际投机性热钱进入中国市场大肆炒作，在通货膨胀、经济泡沫大量出现时快速撤出，最终迫使人民币如日元、墨西哥比索、法郎一样在大幅升降中丧失信誉，这样既缓和了国内财政赤字的压力，又沉重打击了中国，一箭双雕。

专栏

中国香港金融保卫战

从1997年7月开始掀起波澜的那场金融风暴，如火山喷发般迅速席卷了亚洲，进而搅动了整个世界，那些在风暴中倒下的国家，身陷经济崩溃的泥潭，只能任人宰割。索罗斯一时之间所向披靡。他们希望挑战一个更强力的对手以攫取更大的利益。这个对手就是亚洲四小龙之一的中国香港。

与亚洲其他国家有所不同的是，中国香港有充足的外汇储备(1997年为960亿美元)，并且严格执行货币局制度。该制度是一种汇率机制，有两项基本原则：一是本国货币汇率钉住一种作为基准的外国货币；二是所发行的货币保证完全以外汇储备作为后盾。当时香港以美元为储备货币，确定港币与美元的汇率为1:7.8，如金本位制一样，发钞银行发行港币必须上缴等值美元为抵押，香港放弃对货币政策的控制，完全同步跟随美联储的货币政策。因此可以讲，港币几乎等同于美元，加之自身财政状况良好，因而不存在对其联系汇率制攻击的基础。索罗斯当然很清楚不可能在外汇市场上牟利，那他攻击港币的目的何在呢？

明修栈道，暗渡陈仓，索罗斯一开始的盈利目标就锁定在做空恒指期货上了，所以1997年7月在泰国金融危机的情况下，香港恒指奇怪的不跌反涨就可以理解了，这正是国际对冲基金做空恒指的建仓期。港币实行联系汇率制，联系汇率制有自动调节机制，不易攻破。但港币利率容易急升，利率急升将影响股市大幅下跌，这样的话，只要事先在股市及期市沽空，然后再大量向银行借贷港币，使港币利率急升，促使恒生指数暴跌，便可像在其他国家一样获得投机暴利。

1997年10月21日深夜，夜黑风高，香港财政司司长曾荫权和金管局局长任志刚分别接到神秘电话，一个低沉的声音说，索罗斯要攻击港币了，21日、22日在伦敦外汇市场上抛出了60亿美元的港币，把港币汇率压到7.75的警戒线之下，同时市场盛传香港联系汇率制度不保。为了控制港币流向，香港政府对银行实施了窗口指导，严控短期拆借额度。此举等同于大幅收紧银根，10月23日中午，同业拆借利率急升到280%。短期利率的大幅提高，使股市雪上加霜，恒生指数当天暴跌10.4%，10月28日指数再度暴跌13.4%，香港股市市值缩水2.1万亿港币。前文提到，香港政府其实并不相信对冲基金会从汇率下手，但在采取防范措施时，本着谨小慎微的态度，依然以汇率为出发点布局。然而，对冲基金的真正意图是，在短期内通过集中性抛售港元，暂时抬升利率，进而打压股市，即使不能迫使港币汇率变动，也可能从股票指数期货合同的空单上获取一笔收益。因此，香港政府的措施从表面上看很有成效，但实际上当面对持有大量股指空头头寸的对冲基金来说，可谓正中下怀。

1998年3月，就在东南亚金融市场已经土崩瓦解、香港风雨飘摇的时候，刚刚出任中国国务院总理的朱镕基在北京人民大会堂举行了他的第一次记者招待会，并就中国香港讲了一句话："中央政府将不惜一切代价保卫香港！"高手过招的时候，作为普通观众的人们大多听不出所以然，听明白了的是电视机前面的索罗斯和他的伙伴们。有谣传说索罗斯茶喝到一半的时候杯子掉在地上，他感觉到"朱"的话里寒光闪闪的杀气。

朱镕基在记者招待会上称：中央政府将不惜一切代价保卫香港！

自1997年10月以来，国际炒家四次在香港股、汇、期三市上下手，前三次均获暴利。1998年7月底至8月初，国际炒家再次通过对冲基金，接连不断地狙击港币，以推高拆借利息和利率。很明显，他们对港币进行的只是表面的进攻，股市和期市才是真正的主攻目标，声东击西是索罗斯投机活动的一贯手段，并多次成功。

1998年8月5日、6日，对冲基金共计卖出400多亿港币，香港政府运用财政资金如数吃下，将汇率稳定在7.75，同时转手存入银行，稳定利率，两方决战一触即发。由于8月28日为股指期货交割期，上午10点整开市后仅5分钟，股市的成交额就超过了39亿港元；半小时后，成交金额就突破了100亿港元；到上午收市时，成交额已经达到400亿港元之巨，接近1997年8月29日创下的460亿港元日成交量历史最高纪录。下午开市后，抛售有增无减，成交量一路攀升，但恒指和期指始终维持在7800点以上。随着下午4点整的钟声响起，显示屏上不断跳动的恒指、期指、成交金额最终分别锁定在7829点、7851点、790亿港元上。

普遍的观点认为国际炒家在7500点卖空恒指8月合约，而结算点位收在7851点，国际炒家在做空恒指8月合约上巨亏。1998年9月7日，香港金融管理局颁布了外汇、证券交易和结算的新规定，当日恒生指数飙升588点，以8076点报收。加上日元升值、东南亚金融市场趋稳等一系列因素，使投机炒家的资金、换汇成本大幅上升，不得不败退离场。9月8日，9月合约价格升到8220点。8月底转仓的期指合约要平仓退场，每张合约又要亏损4万港元。但也有观点认为，在1997年10月至1998年8月间，国际炒家共计四次抛售港币，而香港政府均以紧缩银根应对，导致股市急挫，前者已经通过股指期货空单获得难以想象的暴利。1998年8月的战败，不过是局部战役以“丢车保帅”方式上演的胜利大逃亡。究竟何方观点正确，我们似乎无从考证，但8月一战香港政府付出的代价是颇为沉重的。即使刨除资金因素不谈，香港政府的干预与其一贯奉行的自由经济背道而驰，信誉成本损失极大。

二、汇率制度是国际政治势力博弈的一种均衡

汇率制度选择既涉及国际政治经济秩序安排，又是一国政治经济

制度对外的体现。因此，汇率制度本身就是国内外政治经济势力博弈的一种均衡。

汇率是国际贸易中最重要的调节杠杆，这就注定了它不仅仅是一个简单的经济学名词，更是国与国之间进行贸易竞争的有力武器。美国人利用汇率对人民币的打压就充分证明了这一点。

当前，有关人民币升值的预期有许多非经济因素的干扰。因此，人民币汇率与其说是一个单纯的金融数据，不如说是一种复杂的政治筹码，这一点不容置疑。显而易见的是，政治一旦与经济捆绑在一起，那么人民币汇率的变动也就不是它自己能够做主的了。

能够很好佐证这一观点的是，在中国与美国之间多次进行的谈判中，虽然名义上都是谈人民币汇率，但其主要内容却基本上都不是围绕人民币汇率。这就是所谓的“王顾左右而言他”，或者叫“功夫在诗外”。

中美两国在经济上的非对称性依赖关系和战略冲突决定了两国的合作范围和形式，也决定了中美之间关于人民币汇率制度安排的博弈均衡。这次人民币汇率问题政治化，是直接从全球金融危机引发的。就美国而言，金融危机使美国经济遭受重创，为了扭转贸易逆差和保护传统制造业、增加就业，缓解美国国内利益集团施加的压力和平息民众对政府的管理不利、政策无效等问题的质疑，将人民币汇率制度作为替罪羊来为自己开脱，这符合美国的政治逻辑。

就中国而言，虽然按照自己的时间表推进了人民币汇率形成机制的改革，但是也基于既有的中美政治经济力量对比格局，考虑了美国的要求，并不一味对抗。虽然中美两国都从最大化本国的经济政治利益出发，决定了各自在人民币汇率问题上的立场，并试图借助政治、经济实力实现目的，但是中美之间的相互依赖以及防止第三者获利的策略，决定了中美两国始终都会以本国的政治经济利益为核心、坚守各自关于人民币汇率制度选择的立场的同时，也不得不通过相互妥协、合作和谅解来处理这一问题。

人民币的升值，毫无疑问，已经是今天摆在中国和世界面前的一道复杂的政治博弈问题。这其中包含很多实质性内容，比如人民币汇率的真正定位、美国的衰退和失业问题与人民币汇率之间的关系，以及人民币汇率调整与全球经济失衡的关系等。在这些问题上，不仅中美两国政府针锋相对，看法各异，即使在美国内部，对于是否应该让人民币升值也存在一定争议，起码有很多经济学家很清楚地指出，人民币升值并不是解决国内问题的灵丹妙药。

值得注意的是，美国是玩弄政治花招的里手，一旦被其盯上了，他们说东道西的本领足够高强，对此我们绝对不能掉以轻心。早在2007年6月13日，美国的几位参议会议员就发起了《2007年汇率监督改革法案》。该法案将要求美国财政部每年审查两次，列出货币币值“根本性失调”的国家名单，其中失调“由相关政府明确的政策行动引起”的一些国家要予以特别关注。这些受到特别关注的国家可能会面临一系列的制裁。

在这场制裁与反制裁的斗争中，人民币升值问题早已变成中美两国政治较量的一张牌，究竟输赢如何，全世界都在拭目以待。

专栏

美元贬值使中国苦不堪言

自2005年以来，人民币对美元升值步伐不断加快。缓慢而平稳的人民币升值，有利于改善国际收支状况，抑制外汇储备过快增长，从而减轻国内市场流动性过剩的风险。然而，人民币升值过快，尤其是随着人民币升值预期加重，必将产生五大负面效应。

第一，人民币升值过快，低附加值、劳动密集型出口企业日子将更难过。由于人民币升值过快，以美元标价的产品出口换汇后，同样数额的外汇结汇额将会快速变少，从而让产品出口型企业利润大打折扣，甚至会出现亏损的现象，尤其是劳动密集型、产品附加值低下的出口型企业，如服装、纺织、鞋帽等加工出口型企业，日子必将更难过，利润空间也会进一步缩小。与此同时，也有人认为，人民币升值有利于原材料进口型企业节约成本，其实不然。由

宽松货币政策导致美元贬值

于世界性通货膨胀及原材料类商品价格暴涨，原材料价格的上涨幅度已远超人民币升值的幅度，因此，人民币升值无益于原材料依赖进口的企业缩减成本，其中，最典型的例子就是钢铁企业、石油石化企业等。况且对于劳动密集型出口企业，其转型不是一蹴而就的，也不是短期内就能解决的问题。

第二，人民币对美元升值过快，可能直接导致我国对外贸易顺差锐减。本币大幅升值，以本币标价的“洋货”将会更显“便宜”，这会极大地诱惑或吸引国民消费外国产品，因此，本币升值，尤其是本币大幅升值会明显刺激“洋”产品进口和消费；相反，由于本国出口产品以本币计成本，而出口后换回来的是贬值的外币，结汇后的本币金额则因本币升值而大打折扣，从而以本币计算的利润减少，因此，本币升值自然会抑制产品出口。这样一来一去，其结果必然是：如果人民币升值过快，或是随着人民币升值预期进一步加强，则不但国民会期待多消费“便宜的洋货”，而且有可能导致我国外贸顺差锐减。这样必定会导致我国 GDP 增速下降，从而削弱国内居民以及世界对中国的信心，将不利于我国的发展。

第三，人民币对美元升值过快，将直接影响我国经济的高增长。

众所周知，近十年来，中国经济的持续高增长，一方面源于中国经济改革开放的巨大成功，另一方面则是源于不断增长的“出口”和“投资”两大因素的强力拉动。然而，随着人民币升值的趋势化、长期化，出口增长必将受阻，出口拉动将会乏力，国内经济增长可能因此而放慢步伐。

第四，人民币升值过快，国际游资可能会冲击我国金融市场，监管难度也会加大。尽管我国人民币尚不能自由兑换，而且我国仍实行严格的资本管制，但由于监管存在一定的难度，国际游资进出我国的大门很难做到密不透风。人民币升值过快，必将诱使一些国际游资想方设法进入中国，并利用人民币的大幅升值来套利，这将会大大增加国家外汇管理局、央行、银监会、证监会的监管难度。美国希望通过人民币对美元大幅升值来改善美国的贸易逆差，从而遏制中国经济的快速成长。我们相信，只要我们坚持独立自主的外汇政策，并慎重处理好改革与开放的辩证关系，那么，日本经济泡沫及长期萧条的悲剧就绝不会在中国重演。

第五，外汇储备遭受严重损失。据中国国家统计局2007年发布的国民经济和社会发展统计公报披露，2007年人民币升值6.9%，2007年中国有15 282亿美元外汇储备，贬值1 054.458亿美元。这1.5万亿美元主要用于购买美国国债。美国的一年期国库券利率平均水平为2.27%，所以收入是346.9亿美元。这样净损失为707.558亿美元，折合人民币4 945亿元，分摊到13亿中国人身上是每人380元，也就是说，中国13亿人2007年每人付了380元给美国政府。美国的“尼米兹”级航空母舰在“布什”号航母服役以前是高等级的航母，建造成本约40亿美元。707亿美元可以造17艘航空母舰，也就是说，中国2007年送了17艘航空母舰给美国。

三、美国力压人民币升值有着明显的政治背景

中美汇率之争，并不只是人民币升值那样简单。一贯霸道的美国，

其中还隐藏着更大的政治图谋，认识其社会背景和政治目的，才能真正认清中美汇率之争的实质。

2008 年发生的次贷危机，使美国在全球的地位发生微妙变化。信贷恶化令美国制造业萎缩，经济基础削弱，美国提出出口 5 年翻番战略，希望向实体经济回归，重塑竞争优势；近期则着重解决就业，以振兴经济。虽然美国经济可能已经摆脱最严重的衰退，但连续 16 个月保持在 9% 以上的失业率却令奥巴马政府甚为头痛，在提出税制改革和刺激经济的组合拳之后，为其中期选举获得更多的政治资本，施压中国、逼人民币升值正是一张政治上的好牌。

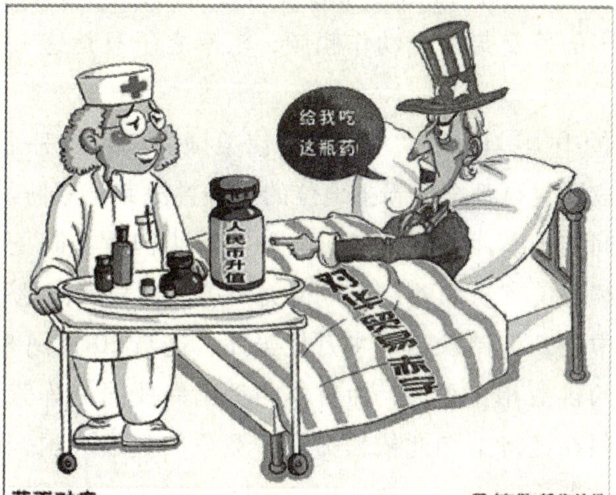

药不对症　图/高微 新华社发

人民币汇率成了替罪羊

无可置疑，人民币适度升值或中长期处于升值趋势已是社会共识。中国作为世界第一大经济体和增长速度最快的新兴经济体，需要有相对强势的货币，人民币国际化的长期趋势也支持其适度升值和长期看涨。中国出口导向型经济模式所积累的巨额外贸顺差和外汇储备也推动人民币与之匹配，并倒逼内部结构性调整，以促进产业升级与提高民生。从短期央行货币政策选择看，通胀预期令加息承压，适度升值将缓和利率政策选择，避免经济复苏反复，亦避免与美元利差过大。但升值进程则应根据中国自身发展逻辑和内在需要而定，一定要防范加速大幅失控上涨。日元在20世纪90年代不当升值教训犹在，中国无论从货币主权自主的角度，还是从国家利益最大化的角度，均不应因外部压力而放任人民币快速升值，也不能错失以此促进经济结构转型的机会。从全球格局来看，当前中美汇率问题的博弈，与其说是两国经济关系的调整，不如说是两国政治关系的调整。

新一轮汇率之争，是美国对华政策出现调整的一个征兆，也是对奥巴马2009年间对华政策“过热”的回调，从中折射出美国重视中国崛起，担心中国快速做大，试图在接触中部署防范。从对台军售，到会见达赖喇嘛；从国务卿高调出访东南亚，到美国提出军事重返亚洲；从加强美印军事合作，到美国考虑与东盟就南海问题共同发表声明，美国针对中国的外交与安全动作频频，汇率之争只是这一系列动作的延续。

21世纪的中国，国力的大幅上升使美国人产生一种强大的压力，并认为已形成了对自己全球霸主地位的一种挑战甚至威胁。曾几何时，由于中美之间实力差距巨大，美国人并未将中国放在眼里。现在的中国，不仅持续对美贸易顺差，还坐拥美国第一债权大国地位，至2013年3月末，中国外汇储备达3.4万亿美元，这与20世纪80年代末的日本对美国的挑战相比更大，而日本与美国尚属同一阵营。历史上很少有一个大国在经济上如此依赖另一个竞争的超级大国。由于美国赤

汇率之争背后隐藏着一些美国利益集团对中国经济崛起的不安

字融资，中国已获得部分全球性金融影响力，这些都让美国担忧。人民币升值的一个直接后果就是美国希望本国债务减轻，使中国在海外的美元金融资产缩水。

由此可见，汇率问题只是中美两国多年博弈的延续。中国对这一问题的思考应放在中美关系大框架下，避免将其政治化。中国既要考虑当前政治外交博弈与关系的平衡，更要从根本上维护国家利益最大化，从而使美国人的政治图谋不能得逞。

从实质上分析，“人民币汇率问题”的热议折射出美国经济的虚弱。仅仅2010年，同样是中期选举，同样是两党混战，但人民币汇率乃至中美关系却都淡出了人们的视线，由于感受不到来自民众和利益集团的就业和经济增长压力，政客们也懒得在人民币汇率这样与美国经济有着莫须有关系的问题上与中国周旋，因为不吸引眼球，也比较费力不讨好。

然而，时过境迁。就像美国经济学家所坦言的那样，过去十几个月中，美国经济在某些方面甚至还进一步恶化了。千千万万的普通大众对经济的最直接感受是来自就业情况，他们的所见所闻都让他们倍感沮丧：不仅失业率到达高点，而且持续失业时间现在已经达到了第二次世界大战之后历史上的新高。

在这种情况下，各个心怀叵测的美国政客们，以民生的名义，冠冕堂皇地将人民币汇率这只摆弄了多次的“替罪羊”再次拎了出来，以期掩饰他们“拯救美国经济”的乏力和无能。

虽然中国对美国有着巨大的贸易盈余，但多数美国学者并不认为中国汇率制度改革会帮助美国解决出口和失业问题。中美贸易确有失衡，但解决之道在于敦促美国实质性放松出口管制，不能一边抱怨人民币汇率太低，一边又拒绝向中国出售高科技产品。

对中国来说，过度调整人民币汇率的危险性是很大的，就像美国前联邦储备委员会主席保罗·沃尔克所警告的那样，调整人民币汇率会造成疯狂的投机行为，从而“对经济发展造成毁灭性影响”。这与中国领导人对于人民币大幅升值可能会引发社会动荡的担心不谋而合。

也正是基于这种国家利益上的考虑，人民币升值空间是有限的，这也意味着，美国国会山里将中国逼向墙角的想法是充满政治风险的，一些议员要求人民币升值25%～40%以促进出口的想法不仅幼稚，而且显得太过贪婪。

美国的一些有识之士已经意识到了这一点。2010年9月14日，美中贸易全国委员会、美国大豆协会等36家美国行业组织联名致信美国国会表示，一味纠缠人民币汇率问题，最终只会让美国损失中国这一增长最快的出口市场。对于志在实现出口倍增计划的奥巴马政府来说，将中国惹翻了无益于目标的实现，而中国方面显然也不会放弃自己的国家利益去成全美国政客莫须有的美好愿景——迄今为止，没有几个负责任的经济学家能肯定地说，只要人民币升值，美国经济就能迅速复苏。

美国的共和党人对酝酿中的汇率之战多半持有警惕看法，他们不希望民主党政府将人们的注意力从糟糕的执政转移到人民币汇率上，就像共和党女议员林恩·詹金斯所形容的那样，奥巴马上任后的政绩可以用三个词来概括——花费、征税、借贷，上万亿美元没起作用，赖不得人民币汇率不帮忙。

专栏

中国的巨额外汇储备该何去何从？

截至2013年3月末，中国的外汇储备为3.44万亿美元。中国外汇储备已经做稳外汇储备世界第一的“宝座”。目前，全球金融市场正处于由次贷危机引起的“多米诺骨牌”效应之中，如何实施外汇储备的保值增值，是中国外汇管理当局亟须应对的头等课题。

基于国际货币基金组织官方外汇储备币种构成数据库来推测中国外汇储备的币种结构，可以发现在中国外汇储备的币种结构中，美元资产约占70%，欧元资产约占25%，英镑、日元及其他币种资产约占10%。如果基于美国财政部国际资本系统定期公布的外国投资者持有美国证券的资料来推测中国外汇储备的资产结构，可以观察到在中国外汇储备的资产结构中，中长期国债约占50%，中长期

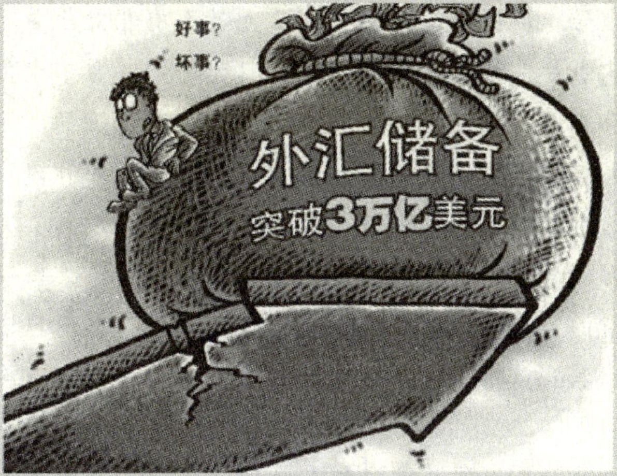

中国外汇储备稳坐世界第一"宝座"

机构债约占35%，股权、企业债与短期债券约占15%。由以上数据，我们可以推测，截至2008年9月底，中国外汇储备中美元国债约为6 200亿美元，美国机构债约为4 300亿美元，两者合计为1.05万亿美元。由于次贷危机对美国的冲击最为严重，我们假定美元资产最容易遭受次贷危机的直接冲击——从这个意义上看，中国在次贷危机上被美国所绑架的说法并不为过。事实上，不论次贷危机如何演进，也不论美国政府救市与否、如何救市，中国外汇储备的国际购买力受损都显而易见，无法挽回。例如，美国政府接管"两房"，无非意味着两房的信贷风险转移到美国政府的资产负债表上，美国国债的信用等级可能被调降，市场价值缩水，从而中国外汇储备中的6 000多亿美元的美国国债将面临亏损。次贷危机对中国外汇储备的国际购买力构成了重大威胁，在这一问题上我们陷入了左右为难的尴尬境地。

所以有人可能认为，中国不应为次贷危机继续买单，因此，不能继续购买美国国债。但问题在于：自从2011年以来，我国外汇储备总额一直呈上升趋势，每月平均以500亿美元的速度增长。如果这些外汇储备不购买美国国债——还可以购买什么其他资产？当前欧元区金融市场不比美国更好，欧元甚至有相对于美元贬值的风险，这意味着目前欧元资产太贵；而日元资产收益率太低。其他币种资产则存在或者规模太小、或者流动性不足的问题。可见，如果中国不购买美国国债，我们的损失将更为严重。一种建议是中国可以用外汇储备购买石油、大宗商品与黄金。这种观点具有一定的合理性。然而，随着世界经济的进一步减速，石油与大宗商品价格还有大幅下滑的空间，目前可能不是最好的买入时机。再者，随着美元的贬值，其实就意味着黄金的升值，如果政府购买黄金，无异于火上浇油。

另一种说法是中国可以用外汇储备来购买在华投资的外资企业股份。然而，在中国投资的外资企业大多为实体企业，而非金融企业。在次贷危机中，目前除国际汽车行业面临困境外，其他行业的实体企业并未受到严重冲击，它们是否愿意出售在华企业的股份仍是一个问题。此外，即便对于处境日艰的美国金融机构，在中国的业务也可能是其全球范围内获益最大的业务类别之一，不到万不得已的时候未必愿意脱手。因此，用外汇储备买到的最终可能是投资收益并不理想的外资企业的股份。如果美国政府最新的救市措施能够发挥作用，则在这种情况下，适当购买美国国债或许有助于实现中国外汇储备的潜在损失最小化。但考虑到中国外汇储备的巨大规模，在当前极度恶劣的国际金融环境下，中国政府很难通过多元化来降低外汇储备国际购买力贬值的风险。在这种情况下，中国必须致力于改变外汇储备继续增长的局面。这意味着政府应尽快地将出口导向的发展战略改为内外平衡的发展战略——取消各种优惠性外资外贸政策，取消要素市场上的价格管制，增强人民币汇率形成机制的弹性，并向民间资本开放金融、医疗、教育等领域。只有从源头上遏制外汇储备的增长，中国才能最终摆脱被美国反复“绑架”的命运。其最根本的途径就是积极扩大内需，尽管这不是短时期内能够实现的目标，但要把握住时机，创造机会，逐渐改变我国经济发展的二元结构，促进国内居民消费，变外向拉动为内需拉动。

四、中美汇率之争也是金融话语权的博弈

在国际金融市场当惯了霸主的美国，从来就在汇率问题上唯我独尊，又岂能容忍日渐强大的人民币用实力发表反对意见。因此，汇率之争，在很大程度上也是争夺金融话语权之战。

早在2006年下半年，国际金融界就开始了与中国的金融话语权的博弈。当年9月19日，国际货币基金组织与世界银行年会在新加坡召开，为配合这两大年度全球金融界盛事，G7会议等一系列会议也在新加坡举行。

当时的各项会议和研讨会、所有堪称全球金融界重量级会议的议题都离不开两个字——中国。国际货币基金组织年会将迎来成立60年来最重大的改革之一——给予中国等新兴发展中国家更多投票权重或配额，G7会议的一半议程涉及与中国财政部部长及央行官员的对话。在会前，有人更明确地指出其关注的焦点即是中国。这一切都表明，在全球金融舞台上，中国的地位正与日俱增。时任中国财政部部长的金人庆和中国人民银行行长周小川也双双莅临了狮城。2006年9月16日，在国际货币基金组织—世界银行联合年会论坛上，周小川阐述了中国金融业改革的走向和政策考虑。

中国经济推动全球经济增长

面对来自各方对中国汇改的“轻重不一”的建议与压力，周小川表示，中国汇改决不走回头路，强调说：“中国目前的汇改推进已取得不小进展，我确信汇改的效应很快就将为全世界所感受到，这还需要时间。在人民币汇改问题上，中国将倾听所有人的意见，充分考虑所有人的立场。”他透露，中国正处于汇改的第一阶段，扩大人民币浮动区间只是时间问题，浮动区间必然要扩大。中国的汇改政策十分清楚，将逐渐转向更加灵活的汇率机制。

在G7首脑会上，并没有针对人民币汇率是否被低估一事进行辩论。会后，G7发布了联合公报，照例点名指出，汇率应该反映经济基本面，也不适于有过度的波动率及凌乱的走势，那些有着巨额贸易顺差的国家应当给予汇率更大的弹性，特别是中国，很有进一步调整汇率体制的必要。对此，美国新任财长鲍尔森表态说，G7在公开场合不会对中国提出任何具体要求，并且还特地指出：“如果我们这样做的话，会显得过于自大。最好的方式是关起门来低调达成协议。”

他的“关起门来低调达成协议”，颇有中国一贯所倡导的以沟通解决争执的协商方式的影子。

第二天，国际货币组织在推动投票权配额及管理的改革上已达成广泛共识，同意让快速发展的中国、韩国、墨西哥和土耳其拥有更大的投票权，增加其影响力。拉托表示，随着部分发展中国家经济的发展，这些国家GDP在全球GDP中的比重已经高于这些国家在国际货币组织的投票权比例，中国经济的增长对全球经济的稳定起到了重要作用，因此进行调整是顺理成章的事。按照提案的建议，中国在国际货币组织占的投票权从2.94%提升至3.65%。国际货币组织过去60年主要由美国、欧洲和日本主导，亚洲国家以及发展中国家曾多次争取在其中有更大的权利，但鲜有成效。这一次国际货币组织终于同意进行改革。这是该组织全面改革的第一步，也是它成立60年以来最大的一次改革。中国投票权的增加，是中国经济实力和国际影响力发展壮大的体现，是用实力争取来的话语权。

在狮城，中国不仅避免了人民币汇率的“围剿”，还在国际货币组织里增加了自己的投票权，有人称：中国在国际金融中的话语权得到了一次大提升。

耐人寻味的是，对人民币汇率的声讨之声充斥着美国国会和美国媒体，但不久后随着中美战略与经济对话的临近，人民币汇率问题却出现了淡出的迹象。直到对话结束后，美国媒体才报道说，美国政府其实是想在别的问题上取得突破。美国国会和媒体合演的这曲双簧揭示出一个真相：汇率之争，在很大程度上就是话语权之战。在这种间歇性的汇率问题炒作的背后，是来自美国国会、白宫、利益集团和媒体的统一战线。国会山在汇率上大打话语权之战并不是头一遭。他们与当时全球 GDP 排名第二的日本也曾有过一战。巧合的是，中国在迎来汇率之战时，正好成为 GDP 第二大国。实际上，国会山的人民币汇率炒作由来已久，只是这一次因为美国中期选举显得空前热闹。

对于美国国会的政客来说，拿人民币汇率说事至少有三大好处：一是让一些选民满意，让选民知道自己在为他们奔走相告；二是让一些企业和利益集团满意；更为微妙的是，国会这样折腾也是为了让白宫满意。许多时候，碍于和中国转好的双边关系，白宫无法在汇率等一些敏感问题上提出过多要求。让国会在人民币汇率问题上多些话语权，其实是为了白宫在其他问题上能掌握更多话语权。仅在 2010 年，美国财政部就两度推迟发布汇率报告，既为中美汇率之争降温，也给自己有更多与中国博弈的话语权争取回旋余地。

值得注意的是，在美国放缓人民币升值压力之际，美国对华贸易方面的要求却多了起来。仅 2010 年 10 月 1 日至 15 日，美国商务部接到的对华贸易纠纷和相关案件就多达 24 起。由于媒体将注意力聚焦在汇率问题上，反而放松了对这些案件的关注，客观上削弱了相关受损行业和企业的话语权。

事实上，对于人民币升值的汇率问题，美国政府高调施压提出要求的背后，是以此作为讨价还价的本钱，并保持美方对中国其他利益诉求的话语权。这就意味着，中美之间不可避免地会在汇率问题上展开艰苦而长期的话语权之争。

五、捍卫人民币汇率主权

在这场与美国的汇率之战中，中国政府既表现出了民族气节，又表现出了高超的政治智慧，从而不仅赢得了国人的赞誉，也赢得了世界上有识之士的尊重。汇率问题，涉及国家主权和民众根本利益，屈服于压力而盲目实行人民币大幅升值，会给中国经济尤其是加工制造、对外贸易等产业带来难以预料的巨大冲击，会给中国百姓的日常生活带来重大的不安定。因此，在汇率问题上，中国政府理所当然地要对美国说“不”！

在坚决顶住美国压力的同时，中国政府也审时度势地表示，中国会采取渐进式的汇率改革政策，负责任地承担起大国义务，表现出一定的灵活性，维护了世界的团结。如果中美之间纷争不断，甚至掀起一场贸易之战，那将危害世界的整体利益。因此，中国的表现获得了世界性的认同。中美两国之间的汇率之战，暂时歇火。然而谁都知道，一贯以全球霸主自居的美国绝不会就此放手，美国继续宽松货币政策的预期、以汇率压制别国以干涉别国经济乃至政治的手段将进一步加强。因此，包括中国在内的新兴市场国家应该动用一切力量，保持汇率稳定，随时做好反击美国施压的准备。在当今世界经济和政治局势尚不明朗的情形下，各方的博弈将导致全球汇率市场继续着一场不知结果、难料胜负的持久之战。德国经济部部长布鲁德雷为此就曾发出这样的警告：汇率争端在未来极有可能招致经济大国的报复性措施，这最终可能导致全球爆发贸易大战，而这种情况是中美两国乃至世界各国都不希望发生的结果。

本书旨在告诉广大读者：第一，美国不仅是引爆全球金融危机的始作俑者，也是这场汇率战争的率先发起者。以汇率为武器向中国发难，是美元霸权行径的一贯做法，也是美国仇视中国、企图搞垮中国的政治阴谋。第二，汇率是一国的重要国策，是国家主权的象征。中国政府绝不会以牺牲中国人民的根本利益、牺牲国家主权为条件同任何人、任何国家做交易。第三，中国坚持改革开放、坚持和平发展的立场绝不动摇。中国政府正在逐步深入、稳步推进人民币的汇率制度改革。中国有信心、有能力捍卫人民币汇率主权。只有在明确上述原则的前提下，才有可能对中美之间汇率之战的来龙去脉和真正原因做一番透彻的分析和实质的解读。